英德红茶发展战略

THE DEVELOPMENT STRATEGY OF YINGDE BLACK TEA

黄兆明 著

华南理工大学出版社
SOUTH CHINA UNIVERSITY OF TECHNOLOGY PRESS
·广州·

图书在版编目（CIP）数据

英德红茶发展战略/黄兆明著. —广州：华南理工大学出版社，2019.5
ISBN 978－7－5623－5968－5

Ⅰ. ①英… Ⅱ. ①黄… Ⅲ. ①红茶－茶业－发展战略－研究－广东 Ⅳ. ①F326.12

中国版本图书馆 CIP 数据核字（2019）第 072905 号

英德红茶发展战略
黄兆明 著

出 版 人：卢家明
出版发行：华南理工大学出版社
　　　　　（广州五山华南理工大学17号楼，邮编510640）
　　　　　http://www.scutpress.com.cn　　E-mail：scutc13@scut.edu.cn
　　　　　营销部电话：020－87113487　87111048（传真）
策划编辑：吴兆强
责任编辑：吴兆强
印 刷 者：虎彩印艺股份有限公司
开　　本：787mm×960mm　1/16　印张：8　字数：166千
版　　次：2019年5月第1版　2019年5月第1次印刷
定　　价：26.00元

版权所有　盗版必究　　印装差错　负责调换

作者简介

黄兆明（1952—），男，广东省韶关市人，现任广东工业大学华立学院管理学院副教授，广东工业大学华立学院名师，校教学委员会委员，教学督导；1995年华南理工大学管理工程硕士毕业，2009年北京师范大学哲学与社会学学院博士毕业，2014年瑞士维多利亚大学工商管理博士毕业；主要研究方向为工商管理和企业发展战略。

序

身在书房撰写这篇书序,其时正是2019年的元旦。

新年之前,黄兆明博士专门给我打电话,嘱我为其新作写个序言。我欣然答应了:一是出于对黄博士的熟悉与了解,二是对于他所说的这本书我早有耳闻。想必这是他酝酿已久的一个项目,倾注了他近年来的不少情感和精力。

直至元旦之日,我才得时日阅读该书。不曾想为其著作所吸引。这不是一般意义上的论著,尽管依然显见文献研究—科学问题—研究分析等社科研究的普通范式,但通读全篇,更多的是对于其家乡英德红茶的深切关注和深入了解。借助于中外古今文献,作者浓墨重彩地详细梳理了英德红茶产业链与茶文化发展的现状,据此科学分析了英德红茶市场营销战略、英德红茶项目改造和投资战略,结合其产业经营管理的种种问题,大胆提出了英德红茶发展的未来战略。

纵观全书,较之同类专著,本书具有以下四大特点。首先是理论与实践的高度融合性。著述将战略理论、茶文化理论和英德红茶产业发展融为一体,将古往今来的相关理论研究与英德红茶的实践研究融为一体,充分体现了理论与实践的高度融合性。战略研究很容易落入"大而全""大而空"的俗套,主要是由于理论研究的深度不足,同时案例研究的深度不够。本书并没有落入这样的俗套,很大程度上,是由于其理论涉猎中国古代茶文化理论、传统的战略管理思想并运用现代战略管理理论密切结合英德红茶的案例开展深度剖析,行文流畅,立论清晰。

其次是研究方法的多样性。除了大量文献研究作为基础之外,本书还采取调查法、专家访谈、梳理统计等多种方法开展研究,不仅实现了研究方法的多样化和综合化,而且更加体现了研究的规范性和科学性,增强了战略研究的说服力和可信度。

三是具有鲜明的产业文化统领性和前瞻性。从表面看"茶"只是一种物质,一种供人们饭后休闲或专门休闲的饮品,但是本书上升到茶文化层次进行论述,将未来英德红茶发展建构在深厚的文化层面进行产业战略发展提炼,由此提出重构"以茶文化为核心的产业链"的战略构想。鲜明体现了其研究的茶产业的文化统领性和茶文化产业发展的前瞻性。从这个概念上讲,茶既是一种文化载体，又是一种礼仪载体，更是一种旅游载体。只有将文化的统领性和前瞻性进行战略建构，方能提升其生命价值和未来潜力。

四是对于英德红茶发展战略系统性构建。其中包括"互联网＋"战略手段的运用、跨地域的纵深发展的产业空间拓展、一流人才和产业环境的培育以及发展生态茶文化技艺等，较好地考虑了先进技术、可持续发展、传统茶文化传承发展、国际化等历史与现实命题。发展战略的系统化建构增强了本书的系统性和完整性，更体现了其战略路径研究的实践性和可行性，提升了本书的实践应用价值。完全可以预测，立足中华传统茶文化深厚底蕴，凭籍粤港澳大湾区发展良好的新机遇，英德红茶必将迎来更加辉煌发展的明天！

黄兆明博士早到退休年龄，但其退而未休，一直参与母校华南理工大学的科研课题研究，算是我的老搭档，同时他也依然兼职在高校教授管理学和旅游学课程，其对科研之深情、对学生之关心，都是我深可感佩的。老骥伏枥，志在千里。从他身上，我看到了我们老中青接力实现中国梦的希望终将早日实现。

值此《英德红茶发展战略》杀青，即将由华南理工大学出版社出版之际，是为序。

教育部高校旅游管理类教指委委员，广东省高校旅游管理类教指委副主任，华南理工大学旅游与酒店管理学院教授，博士生导师，副院长

2019 年 1 月

前 言

2018年10月23日，中共中央总书记、国家主席、中央军委主席习近平在英德考察调研，深入了解该市电子商务产业园盘活特色产业，以产业发展推动精准扶贫情况，英德红茶正是传统产品转型的关键项目。

英德红茶已有1200多年历史，现年产4000余吨，产品远销西欧、北美、大洋洲等70多个国家和地区，品牌形象突出。唐代陆羽在其《茶经》分上、中、下三卷列举了茶产业的十大要素，即茶之源、茶之具、茶之造、茶之器、茶之煮、茶之饮、茶之事、茶之出、茶之略、茶之图，是世界上第一部茶叶专著，以深厚的哲学理念向人们展现了先唐以来我国茶产业和茶文化的丰富内涵，对茶树性状、茶叶品质、茶叶种类及采制方法、烹茶技术、饮茶用具、饮茶起源、茶文化知识、茶事、茶叶产地等进行了介绍，开创了我国茶产业和茶文化的先河。尔后论茶之书多达100多种，清代陆延灿的《续茶经》为著名续作。陆羽在《茶经》第八章"茶之出"谈道："岭南生福州、建州、韶州、象州（福州生闽方山之阴者也）。其恩、播、费、夷、鄂、袁、吉、福、建、韶、象十一州未详，往往得之，其味极佳。"这里所说的韶州，就包括英德。

本著作分八大部分，围绕英德红茶发展战略产业链、茶文化、现状茶资源、经营管理、市场和战略构建等问题进行研究分析，探讨如何站在我国红茶战略发展的高度，以茶文化带动服务业，重构重德、尚和、崇俭、贵真的哲学理念，以茶文化为核心，带动相关产业链和服务项目延伸，从而实现英德红茶生态、环保和可持续发展。

第一部分为绪论。包括选题背景及意义、英德红茶发展战略定位、研究主题、文化历史、产业转型升级、品牌战略、相关概念及研究范围界定、理论依据、研究思路、方法和内容、创新之处，从而提出构建英德红茶一二三产业综合体等。

第二部分为综述。一是我国远古战略思想，包括老子战略思想、孙子兵法战略理论、诸葛亮战略分析、陆羽茶产业战略思维；二是我国茶产业和茶文化战略底蕴；三是企业战略管理理论，包括钱德勒、安索夫、迈克尔·波特、菲利普·科特勒和战略联盟、商业生态系统等战略理论。

第三部分分析英德红茶产业链与茶文化发展战略现状。深入调研分析英德红茶相关环境因素、文化历史、红茶资源、地理环境、发展空间、生态气候、红茶种植基地、品种、规格、栽培种植、采摘、病虫害防治、地理标志和保护范围、英德红茶质量特点、茶叶制作工艺流程、加工制作和物理变化、工艺技术和相关指标，包括生产、加工、开发、营销、旅游等产业一体化和红茶衍生产品开发与产业链延伸等内容。

第四部分分析英德红茶市场营销战略。笔者组织力量对广州市茶叶消费市场进行实地调查研究，对英德红茶进行 SWOT（优势、劣势、机会、威胁）分析，进而深入分析英德红茶服务竞争策略、产品策略、定价策略、定价方法选择、营销渠道策略、红茶营销渠道流程、红茶促销策略（包括广告、网站、战略联盟、文化展览会）等。

第五部分分析英德红茶项目改造和投资战略。需要改造项目与投资的相关分析，包括有机茶园、原生态示范茶园、旅游 DIY 示范种植基地、英德红茶研发和衍生产品创意制作中心、示范加工厂、红茶文化中心、红茶馆体验中心、红茶批发中心、红茶公寓建设等，以及英德红茶资金筹措途径、投资成本估算、项目投资改造和经济效益分析等。

第六部分探讨英德红茶产业链和经营发展战略存在的问题。主要表现为"五大不协调"：一是良好的生态环境与种植现场管理不协调；二是可持续发展与英德红茶资源整合不协调；三是结构单调与国际市场营销配置不协调；四是英德红茶产业链要素与文化发展战略不协调；五是互联网＋与订单、跟进、服务、结算、全域管理和监控不协调。

第七部分是英德红茶发展战略的构建。本部分从九个方面提出了构建英德红茶发展战略的对策思路。一是重构以英德红茶茶文化为核心的产业链；二是将英德红茶产业链新项目纳入国家级粤港澳大湾区发展战略轨道，培育新的经济增长点；三是互联网＋英德红茶品牌项目产业链的推进；四是从英德红茶品牌文化战略推进茶产业跨区域纵深发展；五是打造一流环境，培养一流人才，创新一流的茶文化产业项目；六是英德红茶产业项目发展要瞄准世界先进科学技术水平；七是英德茶产业、茶文化项目开发；八是创新英德红茶文化内涵，扩大"国饮"内需；九是发展生态茶文化技艺，融入千万百姓家。

第八部分是结论。

英德红茶发展战略由物质、制度、文化三大层面构建。英德红茶物质层是红茶产业链的重要基础，英德红茶经营管理制度层是茶产业链的根本保证，英德红茶茶文化和价值观是茶产业链的核心实质。通过红茶文化融汇自然科学和社会科学的丰富知识，了解自然、改造自然、回归自然，融汇儒、佛、道诸家哲理，使我国红茶文化成为人们生理需要、生活方式、生活情趣与精神追求的一部分，实现自我的人生价值。

编　者
2019 年 2 月

目 录

1 绪论

1.1 背景及意义 / 1
1.2 英德红茶发展主题 / 4
1.3 相关概念及研究范围的界定 / 6
1.4 理论依据、研究思路、研究方法与内容结构 / 9
1.5 本书创新之处 / 12
1.6 本章小结 / 13

2 综述

2.1 我国远古的战略管理思想 / 14
2.2 陆羽茶产业的战略思维 / 16
2.3 我国茶产业和文化发展战略底蕴 / 18
2.4 企业战略管理理论 / 21
2.5 本章小结 / 23

3 英德红茶产业链与茶文化发展战略现状分析

3.1 英德红茶历史文化悠久 / 24
3.2 英德红茶资源与地理环境优越 / 25
3.3 英德红茶种植 / 26
3.4 英德红茶质量特点 / 32
3.5 英德红茶制作初步流程 / 33

3.6 英德红茶在鲜叶加工过程中的物理变化 / 35

3.7 英德红茶制作工艺技术 / 37

3.8 英德红茶加工全程实现机械化 / 38

3.9 英德红茶集生产、加工、开发、营销和旅游服务于一体 / 38

3.10 英德红茶衍生产品开发与产业链延伸 / 42

3.11 如何识别真假茶叶 / 44

3.12 本章小结 / 44

4 英德红茶市场营销战略分析

4.1 广州市区茶叶消费分析的抽样调查 / 46

4.2 英德红茶 SWOT 分析 / 54

4.3 英德红茶的服务竞争策略 / 55

4.4 英德红茶产品策略 / 56

4.5 英德红茶的定价策略 / 57

4.6 英德红茶的营销渠道策略 / 61

4.7 英德红茶促销策略 / 64

4.8 本章小结 / 65

5 英德红茶项目改造和投资战略分析

5.1 英德红茶需要改造项目与投资 / 66

5.2 英德红茶资产负债预测 / 73

5.3 英德红茶未来五年利润预测 / 77

5.4 英德红茶未来五年现金流量预测 / 77

5.5 本章小结 / 78

6 英德红茶产业链和经营发展战略存在的问题

6.1 良好的生态环境与种植现场管理不协调 / 79

6.2 可持续发展战略与英德红茶资源整合不协调 / 80

6.3 结构单调与国际市场营销配置不协调 / 81

6.4 英德红茶产业链要素与茶文化发展战略不协调 / 81

6.5 互联网+与订单、跟进、服务、结算、全域管理和监控不协调 …………………………………………………… 82

6.6 本章小结 / 83

7 英德红茶发展战略的构建

7.1 重构以英德红茶茶文化为核心的产业链 / 84

7.2 将英德红茶产业链项目纳入国家级粤港澳大湾区发展战略轨道，培育新的经济增长点 / 87

7.3 互联网+英德红茶品牌项目产业链的推进 / 92

7.4 以英德红茶品牌文化战略推进茶产业跨区域纵深发展 / 96

7.5 打造一流环境，培养一流人才，创新一流茶文化产业项目 / 99

7.6 英德红茶产业项目发展要瞄准世界先进科学技术水平 / 102

7.7 英德茶产业、茶文化项目开发 / 104

7.8 创新英德红茶文化内涵，扩大"国饮"内需 / 107

7.9 发展生态茶文化技艺，融入千万百姓家 / 108

7.10 本章小结 / 110

8 结论 / 111

参考文献 / 112

致谢辞 / 115

1 绪论

1.1 背景及意义

1.1.1 为什么要研究英德红茶发展战略问题

2013年11月，中共中央总书记、国家主席、中央军委主席习近平到湖南湘西考察时首次作出了"实事求是、因地制宜、分类指导、精准扶贫"的重要指示和概念，中央详细规制了精准扶贫工作模式的顶层设计，推动了"精准扶贫"思想落地。习近平总书记多次强调坚决打好扶贫开发攻坚战，科学谋划好"十三五"时期扶贫开发工作，确保贫困人口到2020年如期脱贫，并提出扶贫开发"贵在精准，重在精准，成败之举在于精准"，中国扶贫攻坚工作实施精准扶贫方略，出台优惠政策措施，坚持中国制度优势，坚持分类施策，因人因地施策，因贫困原因施策，因贫困类型施策，课题组选择在广东英德地区实施红茶发展战略，是较为理想的脱贫攻坚项目。

英德红茶已有1200多年历史，现年产4000余吨，产品远销西欧、北美、大洋洲等70多个国家和地区，品牌形象突出。本书深入分析研究英德红茶产业链、茶文化与经营哲学，积极探讨茶产业链的种植、生产加工、销售、旅游、产品衍生拓展，带动茶服务业，弘扬茶文化，促进外贸出口和服务项目延伸，从而实现我国红茶的可持续发展。

英德红茶的战略定位，应以发展中高档茶产品为主导产品。英德茶类产品多元化、优质化，是全国少有的6大茶类齐全的茶区，有红茶（英红九号、红条茶、红碎茶、金毫茶、红牡丹、荔枝红茶）、绿茶（岩雾尖、碧翠、雨花茶、英州绒螺、绿牡丹、银毫茶、毛峰茶、清明碧绿、炒青）、青茶（英州一号、黄金桂、单丛、金观音、金萱、翠玉）、白茶（白毫银针、白牡丹、寿眉）、黄茶（广东大叶青）、黑茶（广东陈香茶、千两茶、普洱茶、茯砖茶），以及苦丁茶、野藤茶等，其中红茶最具代表性。2005年，英德市获"中国红茶之乡"称号；2006年，"英德红茶"获"国家地理标志保护产品"称号；2007年，"英德红茶"获"广东人民最喜爱的土特产"称号；2010年11月21日，国家工商总局批准注册"英德红茶"地理标志证明商标，"英德红茶"地理标志证明商标是英德市首个地理标志证明商标，是清远市第三个成功注册地理标志的证明商标。2010年和2011年,英德被中国茶叶流通协会连续两年评选为"全国重点产茶县"。

截至2014年,英德市茶园总面积达7万多亩,其中投产茶园4万多亩,全市茶产业从业人员达10万多人,全市茶叶总产值15亿元。

英德红茶曾先后获国际美食金牌奖,国际博览会金质奖,国家银质奖及各部委评比一等奖、优秀奖等达36次之多。英德被誉为广东省著名的"红茶之乡"。20世纪90年代初培育出品质超卓的"金毫茶"产品,成为红茶之最,被誉为"东方金美人"。2014年,英德市被中国茶叶流通协会评为"全国十大生态产茶县",并连续第五年被评选为"全国重点产茶县",英德红茶被评选为"广东十件宝"旅游土特产,国家工商总局商标局将"英德红茶"列入第一批"中欧地理标志保护清单"备选产品。2015年5月25日,"英德红茶"品牌正式入驻中国茶叶博物馆品牌馆。

1.1.2　茶已发展成为风靡世界的三大无酒精饮料之一

中国是茶的原产地和故乡,茶被誉为"国饮",历来就有"客来敬茶"的习惯。茶已发展成为风靡世界的三大无酒精饮料之一,饮茶嗜好遍及全球。中国茶文化的传播途径主要有三:一是派出使节出使别国,将茶作为贵重礼品赠给出使国;二是通过学习佛法的僧侣以及遣唐使者,将茶带到他国;三是通过古商路(如丝绸之路、茶马古道等)和国际贸易往来,将茶以商品的方式传到国外。1606年,荷兰人从中国澳门贩茶到印度尼西亚。第二年,直接从中国运茶回国,此后,英、法等国开始饮茶。1650年,荷兰人从中国贩运茶叶至北美,17和18世纪,茶叶如同酒类和咖啡那样已经渗透到荷兰人的社交、娱乐、文艺等日常生活当中,被人们在各种场合饮用。

从19世纪初到19世纪后期,中国一直是世界各国茶叶的供应国,茶的传播遍及全球。在英国,茶被视为美容、养颜的饮料,"健康之液,灵魂之饮";在法国人眼里,茶是"最温柔、最浪漫、最富有诗意的饮品";泰国人喝冰茶,他们常常在一杯热茶中加入一些小冰块,在气候炎热的泰国,饮用此茶使人倍感凉快、舒适;在日本,茶被视为"万病之药,"是原子时代的饮料,并升华成为一种优雅的文化艺能——"茶道";埃及人喜欢饮甜茶,他们招待客人时,在热茶里面放入许多白糖,同时送来一杯供稀释茶水用的冷水,表示对客人的尊敬;印度人喝茶时要在茶叶中加入牛奶、姜和小豆蔻,沏出的茶味与众不同,把茶斟在盘子里啜饮,可谓别具一格;俄罗斯人喜欢饮红茶,他们先在茶壶里泡上浓浓的红茶,喝时倒少许在茶杯里,然后冲上开水,依据自己的习惯调成浓淡不一的味道;美洲人喝马黛茶,在南美洲许多国家,人们把茶叶和当地的马黛树叶混合在一起饮用,喝茶时,先把茶叶放入筒中,冲上开水,再用一根细长的吸管插入大茶杯里吸吮;非洲人喝薄荷茶，北非人喝茶，喜欢在绿茶里加几片新鲜的薄荷叶和一些冰糖，此茶清香醇厚，主人连敬三杯，客人须将茶喝完才算礼貌。

1.1.3 中国茶产量世界第一，出口世界第二

中国国家统计年鉴显示，2017年我国茶叶产量达246万吨，同比增长6.36%，比改革开放初期的1978年增长9.18倍；2017年我国茶叶出口35.53万吨，同比增长8.08%；人民币109亿元，同比增长11.32%；美元16.1亿元，同比增长8.41%。

据中国国家农业部种植业管理司统计，2012年茶叶产量176.1万吨，同比增长10%，占世界茶叶总产量1/3，从2002年至今茶叶产量位居全球第一位。其中红茶达到18.1万吨，同比增长32.2%[①]。

据海关数据统计，2012年我国茶叶出口达31.35万吨，创汇10.42亿美元（见表1-1），茶叶远销100多个国家和地区。摩洛哥、乌兹别克斯坦、美国、日本、俄罗斯是我国茶叶最大出口国[②]。其中红茶出口35 847吨，创汇1.19亿美元，均价3 315美元/吨，同比分别增长0.76%、9.30%和8.47%，出口量位居全球第二位[③]。

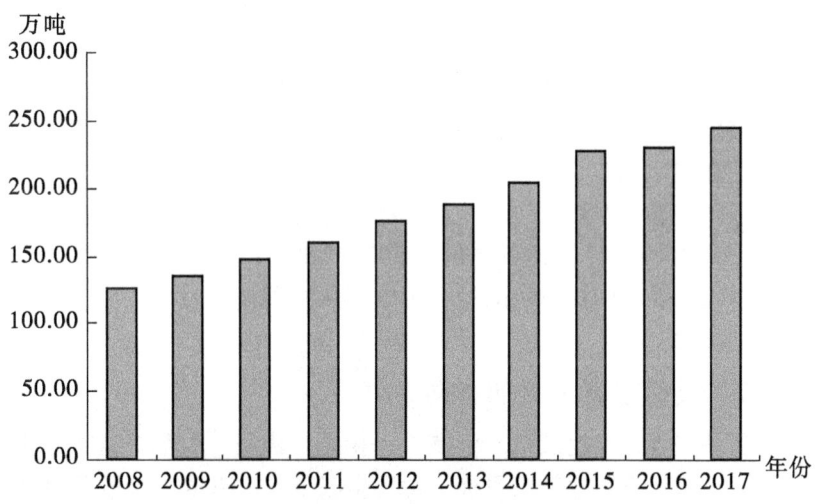

图1-1 2008—2017年中国茶叶总产量

资料来源：中国国家统计局统计年鉴数据。

---

① 资料来源：2013年2月15日国家农业部发布。
② 资料来源：2013年5月21日中国经济网。
③ 资料来源：2013年2月16日中国食品土畜进出口商会茶叶分会发布。

表1-1 2012—2017年中国茶叶出口量和创汇金额

年份	2012	2013	2014	2015	2016	2017
茶叶出口量（万吨）	31.35	32.58	30.10	32.50	32.87	35.53
出口金额（亿美元）	10.42	12.46	12.73	13.82	14.85	16.10

资料来源：中国国家统计局统计年鉴数据。

1.2 英德红茶发展主题

1.2.1 以茶文化引领英德红茶产业的转型升级

中国茶叶出口正处于一个结构转型阶段，遇到的瓶颈是：国际市场接受中国茶叶的涨价，但认可的速度非常缓慢——中国茶叶的提价遇到了需求不足的障碍。茶叶出口与工业品出口有着一定的相似性，通过产业升级，实现从中国制造到中国创造，该走怎样的路径呢？我国茶产业面对的问题是向资本密集型与技术密集型转型。我国茶企业小而全，有10万多家，但企业产品特色不突出。英德红茶要脱颖而出，实现中国创造，必须在产品后期加工上发力，在强调"历史名茶""纯天然"等品种特征的同时，只有开展自主创新、引入新口感、发展新产品，英德红茶才能避免成为原料供应者，以茶文化引领茶产业链，打造具有我国特色的茶文化，融入儒、佛、道诸家哲理，这些哲理就是有中国特色的经营哲学，从中国制造发展为中国创造，走向产业链的高端。

1.2.2 英德红茶发展的方向

选择英德红茶作为突破口，坚持以"生态、优质、规范、品牌"为主攻方向，以做大做强茶产业链为目标，发展生态茶业；坚持"一条龙服务"战略，围绕科技创新主题，抓项目、创品牌、重质量、调结构，经济呈现速度快、质量好、结构逐步优化的良好发展态势；坚持进行"绿化、净化、美化、硬化、亮化"茶乡生态环境建设，打造和谐茶乡。在茶产业链经营管理制度上，坚持"科学发展"的发展战略不动摇；在发展策略上，从原来的追求速度到现在重视全面发展，重视提高品质，重视保护品牌，确保茶产业的持续健康发展；在扩大知名度上，通过大规模地对外宣传造势，扩大影响，拓展市场，做到了从外树形象到内外兼修。当前，应更加注重文化的注入，丰富茶文化内涵，推动茶文化和茶经济的互动共荣，以经营哲学统领经济增长方式，实现从规模拉动到文化驱动。

1.2.3 提升英德红茶的品牌形象

市场竞争不仅仅是质量的竞争、价格的竞争、服务的竞争，更主要的是品牌的竞争。在做大茶产业过程中必须树立品牌意识，塑造品牌形象，逐步从以产品经营为核心向以品牌经营为核心转移，顺应茶产业发展的趋势。用品牌化的思维来抓市场，持之以恒开展茶事活动，大力构建茶叶营销网络，推进茶业市场良性互动，鼓励企业争创个体品牌，建立健全品牌保护机制。要从英德品牌内涵做文章。如图 1-2 所示。

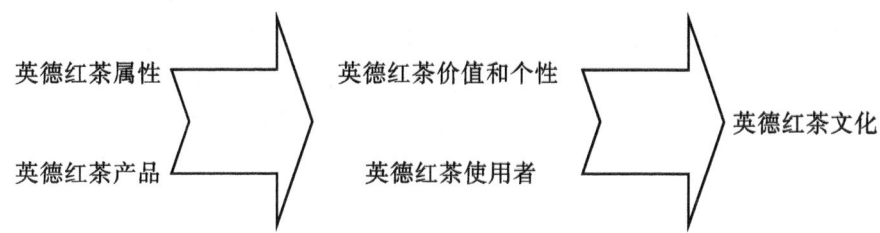

图 1-2

一是属性。英德红茶品牌首先代表具有改革开放后广东特色产品的特定属性，表现为不同属性差异。

二是产品。消费者购买茶叶商品而不是购买英德属性。从消费者视角，英德红茶品牌属性就是品牌功能和情感利益。

三是价值。英德红茶品牌的价值特指可以兼容多个产品的理念，是品牌向消费者承诺的功能性、情感性及自我表现型利益，体现了英德红茶的某种价值感。英德红茶品牌价值是一种超越企业实体和产品以外的价值，与品牌的知名度、认同度、美誉度、忠诚度等消费者对品牌的印象紧密相关，给英德红茶企业和消费者带来效用价值和升华。

四是文化。英德红茶品牌的内涵是文化，品牌属于文化价值的范畴，是社会物质形态和精神形态的统一体，是现代社会的消费心理和文化价值取向的结合。

五是个性。英德红茶品牌的个性是品牌存在的灵魂，是与消费者沟通的心理基础。从深层次来看，消费者对英德红茶品牌的喜爱是源于对品牌个性的认同。

六是使用者。英德红茶品牌暗示了购买或使用产品的消费类型。英德红茶品牌将消费者区隔开来，这种区隔不仅从消费者的年龄、收入等表象特征体现出来，而更多是体现在消费者心理特征和生活方式上，从而引领英德红茶走进千家万户。

1.2.4 打造英德红茶的产业链

英德是广东省历史文化名城、文明城市，是中国绿色生态宜居城市，更是全国重点产茶县（市），被誉为"中国红茶之乡"。英德红茶产业基础得天独厚，红茶品种品质优良，2013 年被评为"广东十件宝"之一。中国农业品牌研究中心公布的 2013 中国茶叶区域公用品牌价值评估结果显示，中国农业品牌研究中心评估英德红茶 2014 年品牌价值为 11.96 亿元，在红茶类排名中位列全国前三位。

英德高度重视英德茶产业的发展，随着加快茶产业发展实施方案的各项政策出台，首届英德红茶文化节成功举办，同时获得了"世界最多人同时擂擂茶粥"的世界纪录，英德种植、生产高香红茶发展势头迅猛。2013 年，全市茶园种植面积达到 6 万亩，茶产业总产值达 11.37 亿元。通过实施助茶政策支持、良种茶树推广、精品名牌培育、市场营销体系建设、茶企成长关怀、产业人才培养等"六大工程"，建设现代标准化茶园，打造 5~7 个茶叶产业专业镇或茶叶产业带，培育 10 家以上省级龙头茶企，力争将英德红茶打造成中国红茶第一品牌。

1.3 相关概念及研究范围的界定

1.3.1 英德红茶茶区产业链

英德茶区产业链泛指英德市境内，所有从事茶叶生产、茶叶教学、茶叶科研和茶叶贸易经营的部门，无论国有企业、集体企业和个体经营者，有关从事茶事活动的均属"英德茶区产业链"范畴。英德茶区包括 1 个省属茶叶科学研究所（广东省农科院茶叶科学研究所），5 个省属国营茶场（英红华侨茶场、英德华侨茶场、黄陂华侨茶场、红星茶场及广州军区军马场茶厂），3 个地方国营茶场（市茶树良种繁育示范场、沙口农场及市茶果场）、26 个镇办茶场，115 个区办茶场以及 1 100 多个茶叶重点户。

1.3.2 英德红茶茶区地理位置

英德市位于粤北山区南部，北江流域中游，地理坐标为北纬 23°50′31″~24°23′7″，东经 112°45′15″~113°55′38″之间。东邻翁源、新丰两县，南连佛冈县，西与阳山县接壤，北同乳源、曲江两县相邻。全市东西宽 182.5 公里，南北长 112.5 公里，土地总面积 5 659.6 平方公里，是广东面积最大的县级市。

1.3.3 英德红茶地理标志和保护范围

根据《地理标志产品保护规定》，国家质检总局组织了对英德红茶地理标志产品保护申请的审查。经审查合格，批准自2006年12月31日起对英德红茶实施地理标志产品保护。

英德红茶地理标志产品保护范围以广东省英德市人民政府《关于要求划定英德红茶产地范围的函》（英府函［2006］57号）提出的范围为准，为广东省英德市英东、英中、英西北、英西南四大茶区，东经112°45′~113°55′，北纬23°50′~24°33′。

1.3.4　英德红茶

英德红茶外形颗粒紧结重实，色泽油润，细嫩匀整，金毫显露，香气鲜纯浓郁，花香明显，滋味浓厚甜润，汤色红艳明亮，金圈明显，叶底柔软红亮，特别是加奶后茶汤棕红瑰丽，味浓厚清爽，色香味俱佳，较之滇红、祁红别具风格（见图1-3）。

1.3.5　战略的概念

战略（strategy）一词最早是军事方面的概念。在西方，Strategy一词源于希腊语"strategos"，意为军事将领、地方

图1-3　色香味俱佳的英德红茶

行政长官。后来演变成军事术语，指军事将领指挥军队作战的谋略。公元579年，罗马皇帝毛莱斯用拉丁文写了一本名为 Stratajicon 的书，被认为是西方第一本战略著作。在中国，战略一词历史久远，"战"指"战争"，"略"指"谋略"。春秋时期孙武的《孙子兵法》被认为是中国最早对战略进行全局筹划的著作。在现代"战略"一词被引申至政治和经济领域，其含义演变为泛指统领性的、全局性的、左右胜败的谋略、方案和对策。

1.3.6　企业发展战略

企业发展战略是由企业本质特征决定的，表现为如下四方面。

1. 谋划企业整体发展

企业是一个由若干相互联系、相互作用的局部构成的整体。局部有局部性的问题，整体有整体性的问题，整体性问题不是局部性问题之和，与局部性问题具有本质的区别。企业发展面临很多整体性问题，如对环境重大变化的反应问题，对资源的开发、利用与整合问题，对生产要素和经营活动的平衡问题，对各种基本关系的理顺问题。谋划好整体性问题是企业发展的重要条件，要时刻把握企业的整体发展。

2. 谋划企业长期发展

企业是有生命周期的。投资、经营者应该树立"长寿企业"意识。为了使企业长寿，不但要重视短期发展问题，也要重视长期的发展问题。企业长期发展问题不是短期发展问题之和，与短期发展问题具有本质的区别。希望长寿的企业面临的长期性问题很多，如发展目标问题、发展步骤问题、产品与技术创新问题、品牌与信誉问题、人才开发问题、文化建设问题。希望长寿的企业就要关心未来。对未来问题不但要提前想到，而且要提前动手解决，因为解决任何问题都需要一个过程。要正确处理短期利益与长期利益的关系。人无远虑，必有近忧。领导人不关心企业未来，就等于拿企业的存亡开玩笑。应当指出，不关心企业未来的领导人甚多，正是由于这个原因，少则几年、多则十几年就倒闭的企业为数众多。

3. 对企业发展进行整体性、长期性谋划时把握基本性

一个企业，像树一样，树叶性的问题有成千上万，树叉性的问题有成百上千，树根性的问题可就不多了。这类问题虽然不多，但非常重要。要是树根烂了，任凭你怎么摆弄，树叶也不会再绿。领导人要集中精力谋划企业发展的基本性问题。假如企业发展的基本性问题解决不好，那么即使再发动员工努力奋斗也不会收到成效，甚至越努力奋斗赔钱越多。领导人要增强基本问题意识。不要只注意把决定的事情落实好，也要考虑决定本身是否有毛病；不要只忙于摆脱困境，也要忙于铲除困难产生的根源。

4. 研究企业发展的谋略

企业发展战略不是常规思路，而是新奇办法。企业发展战略应该使企业少投入、多产出，少挫折、快发展。谋略是智慧结晶，而不是经验搬家和理论堆砌。智慧之中包含知识，但知识本身并不是智慧。智慧与知识具有本质的区别。许多军事家都有"空城计"知识，但没有诸葛亮那样的智慧，先知为智。智慧是对知识的灵活运用，也是对信息的机敏反应。谋划企业发展靠智慧，谋划企业整体性、长期性发展靠大智慧。谋划企业发展固然要借鉴先进理论和先进经验，但如何借鉴还要靠智慧。

1.3.7 英德红茶发展战略构想

英德红茶发展战略是通过对外部环境和内部条件因素的分析和组合来确定自己的愿景和宗旨、目标、战略和政策。而宗旨、目标、战略和政策的选择以有效地发挥企业的优势、克服劣势、利用机会、避免威胁为基本原则。它包括：公司战略、经营战略和职能战略三个层次（见第七部分：英德红茶发展战略的构建）。

1.4 理论依据、研究思路、研究方法与内容结构

1.4.1 理论依据

1. 我国远古的战略管理思想

（1）老子的战略思想；
（2）孙子兵法战略理论；
（3）诸葛亮战略分析；
（4）陆羽等茶产业战略思维。

2. 国外的企业战略管理理论

（1）美国管理学家钱德勒结构追随战略等；
（2）菲利普·科特勒的战略计划与营销管理；
（3）迈克尔·波特行业竞争战略理论等。

3. 企业战略管理理论的发展趋势

（1）企业战略制定竞争空间扩展；
（2）战略发展具有高度弹性；
（3）战略联盟和生态系统成为主要形式；
（4）产品服务演变为标准规则。

1.4.2 研究思路

本书按照"背景介绍—文献综述—理论分析—假设提出—实践检验—结论与展望"的思路，循序渐进地构建英德红茶发展战略制定框架（见图1-4）。

1.4.3 研究方法

1. 调查法

（1）深入英德市茶企业进行实地调查研究，现场采访、现场拍照，直接了解现场管理的第一手资料。

（2）问卷调查。通过书面或者电子邮件的形式，以严格的测试项目或者问题，向研究对象收集研究资料和数据。本调查设计了广州市茶叶市场需求问题调查问卷，先后发出320份，回收了303份，为本论文的实证分析收集和准备数据。

2. 文献研究

通过各类数据库、期刊网、研究报告、科研课题等渠道收集与研究相关的资料和文献，对资料进行整理分析，判断本研究的必要性和重要性，并在此基础上提炼本书的核心命题及研究范围。

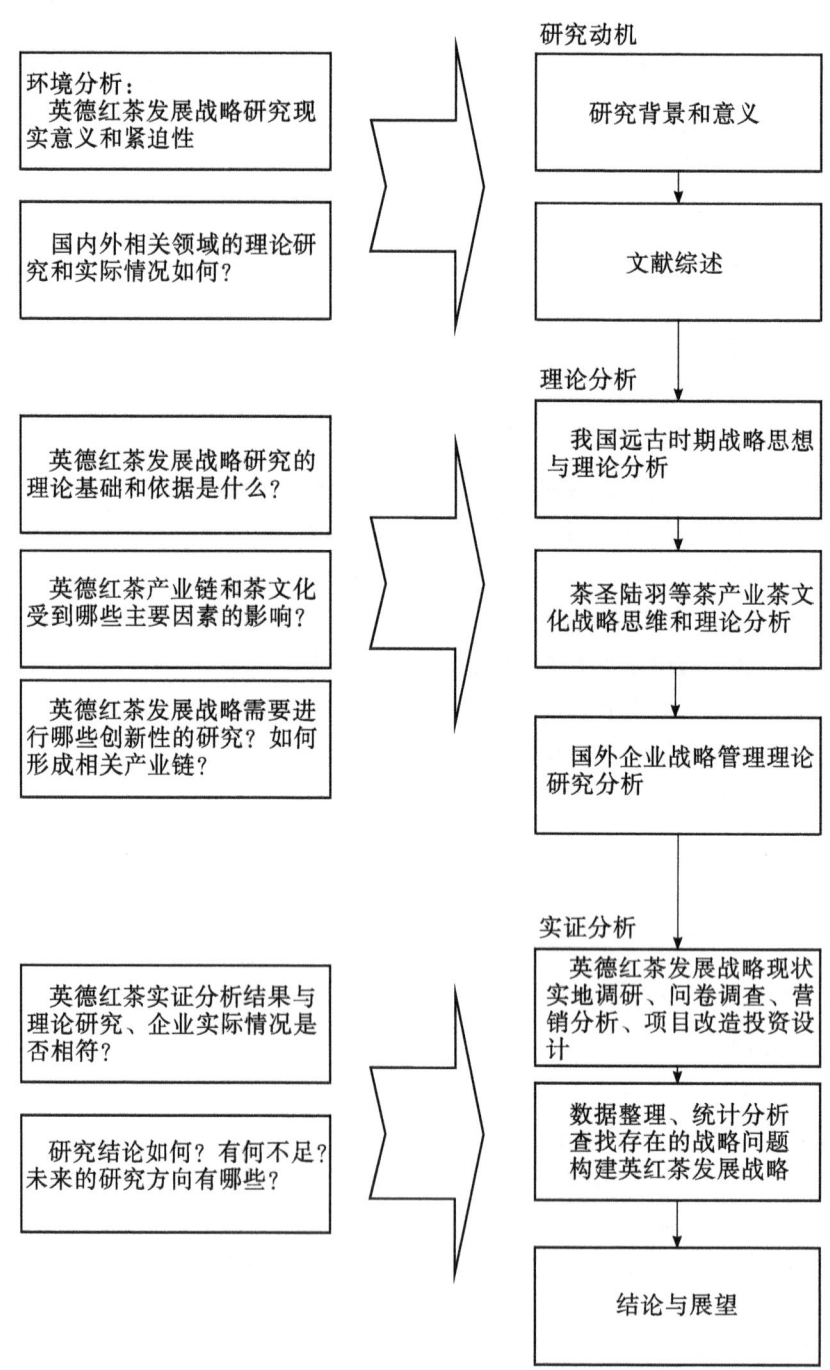

图1-4 英德红茶发展战略框架

3. 专家访谈法

本书课题确定后，多次到清远市和英德市，走访政府、企业，对企业中高层管理者和相关专家进行访谈，了解政府和企业对该地区特别是对英德红茶发展战略和管理创新方面的想法、意见和办法，了解红茶发展战略理论研究现状和实践发展方向。

4. 数理统计分析

对问卷调查所得的样本和企业数据资料，进行分析提炼，分析影响英德红茶发展战略的关键因素，并对各种影响因素与发展战略实践进行对比分析。进行投资可行性研究，分析投资效率和盈亏平衡点，进行英德红茶财务预测，包括资产负债表、损益表和现金流量的分析。

5. 理论模型构建

借鉴华南理工大学蓝海林教授的战略分析理论（1992），结合英德红茶茶产业的实际情况，构建英德红茶发展战略模型和战略管理动态模型。

1.4.4　内容结构

本书分为八大部分，如图 1-5 所示。

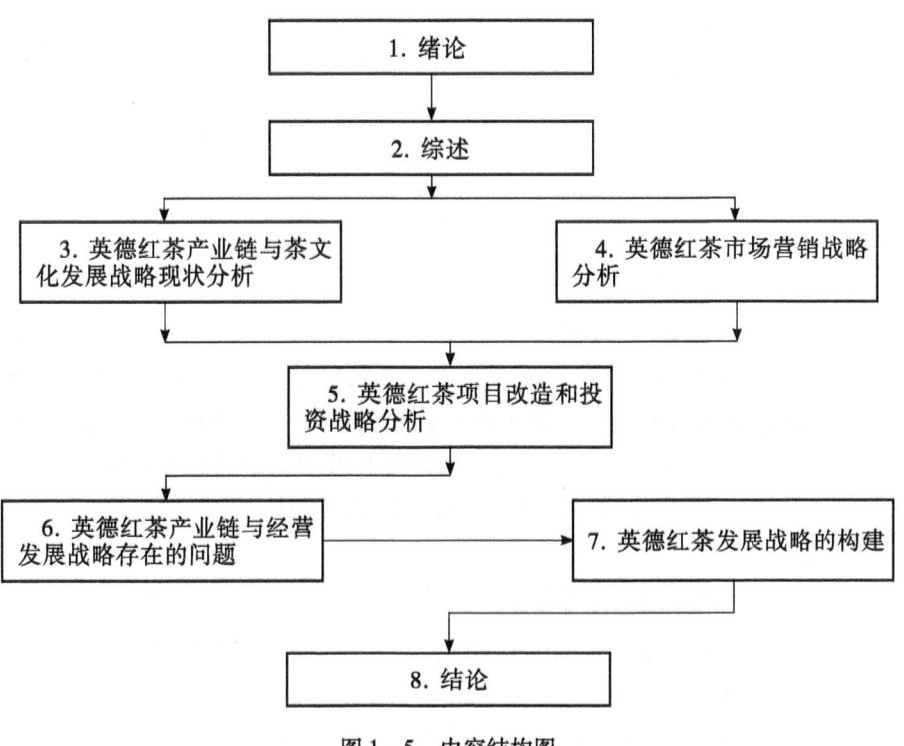

图 1-5　内容结构图

1.5 本书创新之处

1.5.1 凸显英德红茶茶文化为核心的产业链和价值观

从动态、过程的角度对英德红茶现状分析、营销战略、项目改造和投资战略进行分析，从而深入研究茶文化的形成和发展，不仅要融汇自然科学与社会科学的丰富知识，还可通过茶了解自然；另外要融汇儒、佛、道诸家的哲理，通过饮茶明心净性，增强修养，提高审美情趣，完善人生价值取向，形成高雅的精神文化。饮茶作为人的生理需要和生活方式转化为生活情趣与精神追求，不仅体现出人与人、人与茶及人与自然的关系，而且完美地展现了人生的价值观。

1.5.2 划分饮茶过程物质与精神的层次

物质层次为：一"品"、二"饮"、三"喝"、四"吃"、五"国饮"；
精神层次内涵为："俭、清、和、美"四个字。
"俭"为俭省朴实、勤俭育德；这是基本伦理道德层次；
"清"为清正廉洁、清闲优雅；这是实践心灵修养层次；
"和"为和诚相处、和睦友爱；这是哲学思想礼仪层次；
"美"为美真康乐、美的享受；这是终极意境审美层次。
从而实现：
（1）重德——摆正人与自我关系的准则；
（2）尚和——协调人与他人关系的宗旨；
（3）崇俭——处理个人与民族及国家关系的基础；
（4）贵真——沟通人与自然关系的要求。

1.5.3 茶园设计创造生态景观文化

要充分考虑茶园土地综合利用设计；茶园区块划分设计；茶园道路设计；茶园排灌系统设计；茶园防护林与遮荫树设计；茶园的茶行布置设计；茶树品种划分；茶树品种种苗标准；茶树育种技术；茶树种植；种植密度、种植前施基肥；茶苗移栽；茶树修剪等，形成茶园的生态景观文化，达到"天人合一"境地。

1.5.4 英德红茶战略目标——建设一、二、三产业综合体

英德红茶产业链的战略管理者要通过目标的建立将英德红茶宗旨具体化。其战略目标分三步走：第一步，即第一个五年（2019—2023年），打基础，建设国内外知名品牌；第二步，即第二个五年（2024—2028年），将万亩生态茶园、万亩有机茶园、旅游DIY基地、红茶研发和衍生产品创意中

心、红茶馆体验中心建成国家 AAAA 级以上旅游景区、全国农业生态示范区，让英德红茶重新走向世界舞台；第三步，即第三个五年（2029—2033年），将英德红茶区建成珠三角的后花园，国际休闲旅游度假区，国家级、国际生态茶园和示范基地。

可选择的战略包括：前向联合，后向联合，横向联合，市场集中，市场开拓，产品开发，相关性多样化，一、二、三产业综合体等。通过内外环境因素分析，以战略联盟为基础，充分发挥英德红茶优势、克服弱点、利用机会、避免威胁，从而最有效地达到企业的目标。

1.6　本章小结

本章描述了研究英德红茶发展战略的宏观背景和微观背景，通过亲临环境分析英德红茶产业链、茶文化与经营哲学，积极探讨茶企业种植、生产加工、销售、旅游、产品衍生拓展，带动茶服务业，弘扬茶文化，促进外贸出口服务项目延伸，从而实现我国红茶生态、环保、可持续的发展。目前国内茶企业对于如何形成产业链和如何以茶文化带动产业的发展存在着大量的空白课题，核心问题是如何提升企业自身的核心竞争力。本章围绕这一主题提出如何实现以茶文化引领茶产业的转型升级，重塑英德红茶品牌形象，打造战略产业链，对相关概念和研究范围进行了界定，对本书的理论依据、研究思路、方法和内容做了概括性描述和说明，提出凸显茶文化和价值观、划分饮茶物质和精神层次、创造茶园生态景观文化、建设一二三产业综合体等创新发展思路。

2 综述

2.1 我国远古的战略管理思想

2.1.1 老子的战略思想

老子《道德经》第一章：道，可道，非常道。名，可名，非常名。无名，天地之始；有名，万物之母。故常无欲，以观其妙；常有欲，以观其徼。此两者同出而异名，同谓之玄。玄之又玄，众妙之门。

译文：可以用言语描述的道，就不是恒久不变的道；可以叫得出的名，就不是恒久不变的名。有了空间，才开始呈现出天地；有了根源，才开始孕育万物。所以，如果一个人经常保持宁静无欲的心态，就可以深入观察到天地万物的微妙之处；如果常存欲望，就只能看到天地万物表层的东西。空间与物质同时出现而有不同的称谓，它们都很神秘。那神秘又深远的极处，便是产生天地万物之所在。

老子《道德经》第二十五章：有物混成，先天地生。寂兮寥兮，独立而不改，周行而不殆，可以为天地母。吾不知其名，字之曰道，强为之名曰大。大曰逝，逝曰远，远曰反。故道大，天大，地大，王亦大。域中有四大，而王居其一焉。人法地，地法天，天法道，道法自然。

译文：有一个东西混然而成，它出现在天地之前。它无声无形，独立存在永不改变，循环运动永不停止，可以把它当做天地万物产生的根源。我不知道这个东西的名字，就先称它为"道"，再牵强地给它起个名字叫"大"。"大"会运动发展，发展下去就会走向极盛，走向极盛后又要返回到原处。所以说，"道"有"道"的规律，天有天的规律，地有地的规律，治国也有治国的规律。天地间有四种主要规律，而治国的规律只是其中之一。社会要效法地的规律而发展，地要效法天的规律而运行，天要效法普遍规律而存在，普遍规律要效法自然规律而恒久。

老子《道德经》第五十章：出生入死，生之徒十有三，死之徒十有三；人之生，动之死地亦十有三，夫何故？以其生之厚。盖闻善摄生者，陵行不遇兕虎，入军不被甲兵。兕无所投其角，虎无所措其爪，兵无所容其刃。夫何故？以其无死地。

译文：人从一出生就开始走向死亡，其中，长寿的约占十分之三，短命的约占十分之三；为了生存而劳碌奔忙，结果反而加速死亡的也约占十分之三，这是为什么呢？因为想长命，生活过于优厚。听说善于把握生命的人，他们在陆地上行走不会遇到犀牛和老虎，入军不被甲兵所伤。所以，犀牛用不上它的角，猛虎用不上它的爪，甲兵用不上它的刃。以上这些是为什么呢？就是他没有进入必死之地。

老子的战略思想内涵丰富。

2.1.2 孙子兵法的战略理论

孙子是世界上最早提出战略理论的人。《孙子兵法·计篇》记载：孙子曰："兵者，国之大事，死生之地，存亡之道，不可不察也……故经之以五事，校之以计而索其情：一曰道，二曰天，三曰地，四曰将，五曰法。"[①]

译文：孙子说，战争，是国家的大事，它关系到生死存亡，是不可以不详加考察和研究的。所以要从以下五个方面分析研究，从计谋上加以衡量，并从中探求战争胜负的情形：一是道，二是天，三是地，四是将，五是法。

《孙子兵法·谋攻篇》记载。孙子曰："凡用兵之法，全国为上，破国次之；全军为上，破军次之；全旅为上，破旅次之；全卒为上，破卒次之；全伍为上，破伍次之。是故百战百胜，非善之善者也；不战而屈人之兵，善之善者也。"

"故上兵伐谋，其次伐交，其次伐兵，其下攻城。攻城之法为不得已。"[①]

译文：孙子说，大凡用兵的指导法则，使敌国完整地降服为上策，击破它就次一等；使敌军完整地降服为上策，击破它就次一等；使敌人全旅完整地降服为上策，击破它就次一等；使敌人全卒完整地降服为上策，击破它就次一等；使敌人全伍完整地降服为上策，击破它就次一等。因此，百战百胜，还不算是高明中的高明；不出战就能使敌人屈服的，才是高明中的高明。

所以，用兵的上策是用谋略来战胜敌人，其次是在外交上封锁、孤立敌人，再次是直接出兵击败敌人，下策是攻打敌人的城池。选择攻城是迫不得已的办法。

《孙子兵法》深刻地讲述了战略原理。

2.1.3 诸葛亮的战略分析

清代蔡东藩著的《后汉演义》八十二回记载：刘备三顾茅庐，向年仅27岁的诸葛亮请教："……所以敬侯先生，幸乞赐教。"诸葛亮说道："自从董卓构乱以来，豪雄并起，跨州连郡，不可胜数；曹操比诸袁绍，名微众

---

① 孙膑. 孙子兵法［M］. 吴银平，译. 北京：中国华侨出版社，2014.

寡，仍竟并吞袁氏，转弱为强，虽赖天时，亦借人谋。今操已拥众百万，挟天子令诸侯，此实不可与争锋；孙权据有江东，已历三世，国险民附，贤能乐为彼用，根基已固，不可轻图，只能与他结好，恃为外援；荆州北据汉沔，利尽南海，东连吴会，西通巴蜀，自古称为用武之地，主不得人，决难坐守，天今留待将军，将军可有意否？还有益州险塞，沃野千里，向号天府，高祖尝得此以成帝业；今刘璋暗弱，张鲁在北，民殷国富，不知存恤，草野智士，望得明君。将军为帝室世胄，信义著闻四海，总揽英雄，思贤如渴，若跨有荆益，保守岩阻，西和诸戎，南抚夷越，外结孙权，内修政治，待天下有变，可命一上将，自荆州出向宛洛，将军自率益州众士，出向秦川，百姓必且箪食壶浆，欢迎将军，岂不是霸业可成，汉室可兴么？"①

这就是著名的"隆中对"，诸葛亮初出茅庐，定出三分天下发展战略，为刘备事业规划分明，了如指掌，战略意图深谋远虑。

2.2 陆羽茶产业的战略思维

唐代陆羽（公元733—804年）一生嗜茶，以著世界第一部茶叶专著《茶经》三卷闻名于世，对中国茶业和世界茶业发展作出卓越贡献，被誉为茶仙、茶圣。《茶经》分为三篇（即上、中、下三卷），而事实上是分为十章（即十部分），而十章中的其中五章是关于茶业的宏观记述，具有重要的史料价值，揭示茶产业的物质基础。他在茶之源中写道："茶者，南方之嘉木也。"②指茶树是产于我国南方的一种优良树木。"《神农食经》：茶茗久服，令人有力，悦志。"③说的是长期喝茶，可以使人健康有力，精神饱满。"茶之为用，味至寒，为饮。最宜精行俭德之人。若热渴、凝闷、脑疼、目涩、四支烦、百节不舒，聊四五啜，与醍醐、甘露抗衡也。"④指因茶的性味至寒，最适于作饮料，是那些品行端正俭朴的人最爱之饮。若有人感觉体热、口渴、闷燥、头疼、眼睛倦涩、四肢无力或全身关节不舒服的时候，喝上四五口茶，与醍醐和甘露是可以媲美的。从古代的丝绸之路到改革开放的今天，茶叶一直是我国走向世界的主要交流产品之一。

2.2.1 茶之源

陆羽谈道："其树如瓜芦，叶如栀子，花如白蔷薇，实如栟榈，蒂如丁香，根如胡桃。其字或从草，或从木，或草木并。其名一曰茶，二曰槚，三

---

① 蔡东藩. 后汉演义［M］. 北京：中国文史出版社，2014.
②③④ 陆廷灿. 茶经［M］. 北京：中国工人出版社，2003.

曰蔎，四曰茗，五曰荈。其地：上者生烂石，中者生砾壤，下者生黄土。"①

译文：茶树的树形像瓜芦，叶形像栀子，花像白蔷薇，种子像棕榈，果柄像丁香，根像胡桃。"茶"字的结构，有的从"草"部（写作"茶"），有的从"木"部（写作"[木茶]"），有的"草""木"兼从（写作"荼"）。茶的名称有五种：一称"茶"，二称"槚"，三称"蔎"，四称"茗"，五称"荈"。种茶的土壤，以岩石充分风化的土壤为最好，有碎石子的砾壤次之，黄色粘土最差。

2.2.2 茶之具

"籝，一曰篮，一曰笼，一曰筥。以竹织之，受五升，或一斗、二斗、三斗者，茶人负以采茶也。"②

译文：籝，又叫蓝，又叫笼，又叫筥。用竹编织，容积五升，或一斗、二斗、三斗，是茶农背着采茶用的。

2.2.3 茶之造

"凡采茶，在二月三月四月之间。"

"茶有千万状，卤莽而言，如胡人靴者蹙缩然，犎牛臆者廉檐然，浮云出山者轮囷然，轻飚拂水者涵澹然。有如陶家之子罗，膏土以水澄泚之。（谓澄泥也。）

"自采至于封七经目，自胡靴至于霜荷八等。"③

译文：采茶都在（唐历）二月、三月、四月间。

茶的形状千姿百态，粗略地说，有的像（唐代）胡人的靴子，皮革皱缩着；有的像封牛的胸部，有细微的褶痕；有的像浮云出山，团团盘曲；有的像轻风拂水，微波涟漪；有的像陶匠筛出细土，再用水沉淀出的泥膏那么光滑润泽，这就是所谓澄泥。

从采摘到封装，经过七道工序；从类似靴子的皱缩状到类似经霜荷叶的衰萎状，共八个等级。

2.2.4 茶之器

"风炉：风炉以铜铁铸之，如古鼎形，厚三分，缘阔九分，令六分虚中，致其圬墁，凡三足，古文书二十一字。"④

译文：风炉，用铜或铁铸成，像古鼎的样子，壁厚3分，炉口上的边缘9分，炉多出的6分向内，其下虚空，抹以泥土。炉的下方有三只脚，铸上籀文，共21个字。

---

①②③④ 陆羽[唐]，陆廷灿[清]. 茶经·续茶经[M]. 北京：中国工人出版社，2003.

2.2.5 茶之煮、茶之饮、茶之事、茶之出、茶之略、茶之图

陆羽说道:"其造具,若方春禁火之时,于野寺山园丛手而掇,乃蒸,乃舂,乃以火乾之,则又棨、朴、焙、贯、相、穿、育等七事皆废。其煮器,若松间石上可坐,则具列,废用槁薪鼎枥之属,则风炉、灰承、炭挝、火筴、交床等废;若瞰泉临涧,则水方、涤方、漉水囊废。若五人已下,茶可末而精者,则罗废;若援藟跻岩,引絙入洞,于山口灸而末之,或纸包合贮,则碾、拂末等废;既瓢碗、筴、札、熟盂、醝簋悉以一筥盛之,则都篮废。但城邑之中,王公之门,二十四器阙一则茶废矣。"①

译文:关于制造和工具,如果正当春季寒食前后,在野外寺院或山林茶园,大家一齐动手采摘,当即蒸熟、捣碎,用火烘烤干燥(然后饮用),那么,棨(锥刀)、朴(竹鞭)、焙(焙坑)、贯(细竹条)、棚(置焙坑上的棚架)、穿(细绳索)、育(贮藏工具)等七种工具以及制茶的这七道工序都可以不要了。

关于煮茶用具,如果在松间,有石可坐,那么具列(陈列床或陈列架)可以不要。如果用干柴鼎锅之类烧水,那么,风炉、炭挝、火夹、交床等都可不用。若是在泉上溪边(用水方便),则水方、涤方、漉水囊也可以不要。如果是五人以下出游,茶又可碾得精细,就不必用罗筛了。倘若要攀藤附葛,登上险岩,或沿着粗大绳索进入山洞,便先在山口把茶烤好捣细,或用纸包,或用盒装,那么,碾、拂末也可以不用。要是瓢、碗、夹、札、孰盂、盐都用筥装,都篮也可以省去。但是,在城市之中,贵族之家,如果二十四种器皿中缺少一样,就失去了饮茶的雅兴。

《茶经》是中国乃至世界现存最早、最完整、最全面介绍茶的专著,被誉为"茶叶百科全书"。陆羽将茶的生产、历史、源流、现状、生产技术、饮茶技艺、茶道融为一体,它将普通茶事升格为一种美妙的文化艺能和工艺,构画出整个茶产业链和发展战略的思维,推动茶文化的持续发展。

2.3 我国茶产业和文化发展战略底蕴

中国古籍中,相传上古三皇的神农氏所作的《神农百草经》中记载:"神农尝百草,日遇七十二毒,得茶而解之。"②

中国茶文化是中华民族文化的重要组成部分,历史源远流长,涉及茶、茶艺、茶事的书籍不下数百种。其中较有影响和代表性的篇目有:

---

① 陆羽 [唐],陆廷灿. 茶经·续茶经 [M]. 北京:中国工人出版社,2003.
② 于川. 谈茶说艺:中国的茶与茶文化 [M]. 天津:百花文艺出版社,2004.

《煎茶水记》：作者为唐代张又新，是一部关于茶与煎茶所用之水关系的书，侧重于对当时各地水质的评述，张又新将各类水分为20个品级。

《十六汤品》：作者为唐代苏廙，其书已佚，现只存《清异录》中引文，其内容侧重于研究煎茶时水的沸腾程度对茶汤的影响。

《补茶经》：宋人周绛所作，全书一卷，为增补陆羽《茶经》之作。

《茶录》：作者为宋人茶艺家蔡襄，全书分为上下两篇，论述茶的制作、收藏、点茶的方法和茶事的用具，对后世影响很大。

《大观茶论》：作者为宋徽宗赵佶，是我国帝王著茶书的发端。全书分序、产地、天时、采摘、蒸压、制造、鉴辨、白茶、罗碾、盏、筅、瓶、勺、水、点、味、香、色、藏焙、品茗、外焙等共21节。

《宣和北苑贡茶录》：作者为北宋熊蕃和其子熊克，该书为研究当时贡茶的形式和制作工艺提供了较翔实的史实。

《北苑别录》：作者为宋人赵汝砺，是为增补《宣和北苑贡茶录》而作。

《茶具图赞》：作者为南宋审安老人，该书介绍当时流行的12种茶具的名称和式样，并且加以寓意深远的评赞，附上12种茶具插图。

《饮膳正要》：作者忽思慧记录道："凡诸茶，味苦甘，微寒无毒，去痰热，止渴，利小便，消食下气，清神少睡。"这是从药用和养生的角度来评述的。

《茶谱》：明太祖朱元璋之子朱权所作，全书分为16则，重点对各类茶进行品评。

《茶谱续编》：明代赵之履所著，为对朱权所作《茶谱》的续书，侧重于评茶。

《茶疏》：明人许次纾所著。该书对后世有较大影响，是一部综合性较强，涉及茶36个方面。

《茶录》：作者是明代张源，一个很有学识的平民百姓，长期隐居山间，汲水煮茗博览群书，潜心研究茶叶30年，成书于万历年间（约1595年），写成高度概括、简明扼要、实践意义深远的茶书，分采茶、造茶等23节。

《水品全秩》：明代徐献忠所作，主要对水的品级划分，反映出明代茶艺中对水的讲究。

《茶解》：明代罗廪所著，全书分为十目，对茶的种植、制作、茶园管理作了较详尽论述。

《茶书全集》：编者为明代喻政，是一部古代茶书辑录，收录了26部茶书和一部图集，对古代茶书保留和发掘整理起到了积极作用。

《煮茶小品》：明代田艺衡所作，重点谈品茶的方式与心得。

《茶谱》：这部与朱权著作同名的茶书为明代钱椿年所作，描述了明代制茶方法和饮茶形式，有较高的研究价值。

《茶史》：作者为清代刘源长，全书分为二卷三十目，内容广博，从茶之渊源到典史、用具和用水都有所涉及。

《续茶经》：作者为清代陆延灿，其目录完全与唐《茶经》相同，即分茶之源、茶之具、茶之造等十个门类。但自唐至清历数百年，产茶之地、制茶之法以及烹煮器具等都发生了巨大变化，而此书对唐之后的茶事资料收罗宏富，进行了考辨，虽名为"续"，实是一部完全独立的著作。

《茶说》：作者为清末民初的震钧，该书主要反映晚清时期北京地区的一些饮茶习俗。

《茶经评述》：由"当代茶圣"吴觉农主编，1987年由中国农业出版社出版，是当今对陆羽《茶经》最有权威、最全面的解释和评论著作。全书分10章20节，约30万字，以《茶经》的原文为根据进行评述。吴觉农先生（1897—1989年）是我国著名的农学家、茶叶专家，中华人民共和国成立前，他首创茶叶口岸和产地检验检疫制度，在各产茶省成立茶叶试验场和改良场。抗日战争期间，他开拓茶叶对苏联易货贸易，为抗战提供了资金。他重视茶叶专业人才的培养，包括在重庆复旦大学建立第一个高等学校茶叶系。为系统开展茶叶科研工作，他在武夷山创立第一所国家级茶叶研究机构。中华人民共和国成立以后，他在农业部的领导岗位上，会同贸易部门制订和部署了全国茶叶产销体系，并成立了中华人民共和国第一个对外贸易公司——中国茶业公司。他生前著译甚丰，有关茶叶的主要著作有《中国茶业复兴计划》《中国茶业问题》《中国地方志茶叶历史资料选辑》《茶经述评》。尤其后者对我国茶叶历史和现状作了全面正确的评述。由于他对我国茶叶事业所作的贡献，被誉为"当代茶圣"。在他为振兴茶业的实践和理论探索基础上，形成了中国特有的茶学思想，对当前茶经济、茶文化的发展具有现实指导意义，值得后人发掘、研究和弘扬。

《中国茶经》：该书是现代茶书中具有代表性的，在综合类茶书中水平较高，它集中了全国50多位茶叶专家用了三年时间编写完成，于1992年5月上海文化出版社出版。主编陈宗懋，是当代茶叶界唯一的一位院士。全书分茶史篇、茶性篇、茶类篇、饮茶篇、茶文化篇以及附录，共160多万字。该书系统地介绍了茶的起源和传播，茶叶的性质和功能，茶叶的品质和花色，茶的贮藏和品饮，茶的礼仪与茶文化的关系。全书重点突出，繁简分明，是一部科学性、文化性兼备的经典著作。全书不论是在广度和深度上都达到了当时（20世纪90年代以前）的高水平。

《中国名茶志》：该书是新闻出版署"九五"国家重点图书出版规划的"1200工程"。全书集中了全国上百名茶叶专家，分省市，用志书的形式记载中国名茶，以及各产茶省市的茶叶生产、加工、贸易情况，并且从茶业的发展战略延续和文化的角度论述，使读者有一种全面而清新的感觉。该书写了19个省区的茶业发展现状及介绍了1000多种名茶，全书180多万字，2000年12月由中国农业出版社出版，主编王镇恒、王广志。

2.4 企业战略管理理论

2.4.1 钱德勒的结构追随战略理论

20世纪60年代初美国著名管理学家钱德勒《战略与结构：工业企业史的考证》一书的出版，首开企业战略问题研究之先河。钱德勒在这本著作中，分析了环境、战略和组织之间的相互关系，提出了"结构追随战略"的论点。他认为，企业经营战略应当适应环境——满足市场需求，而组织结构又必须适应企业战略，随着战略的变化而变化。因此，他被公认为，环境—战略—组织理论的第一位企业战略专家。

2.4.2 计划学派安索夫的战略理论

安索夫在1965年出版的《公司战略》一书中首次提出了"企业战略"这一概念，并将战略定义为"一个组织打算如何去实现其目标和使命，包括各种方案的拟定和评价，以及最终将要实施的方案"。"战略"一词随后成为管理学中的一个重要术语，在理论和实践中得到了广泛的运用。其核心思想主要体现为：①企业战略的出发点是适应环境，企业才能生存和发展；②企业的战略目标是为了提高市场占有率；③企业战略的实施要求组织结构变化及与之相适应。

2.4.3 迈克尔·波特的竞争战略理论

20世纪80年代初，哈佛大学商学院的迈克尔·波特为代表的竞争战略理论取得了战略管理理论的主流地位。波特认为："一个行业中的竞争远不止在原有竞争对手之间进行，而是存在着五种竞争力量，它们是现有竞争者之间的竞争、潜在进入者的威胁、替代品的威胁、买方议价的能力、供方议价的能力。"[①]

"这五种作用力共同决定着该产业的最终利润潜力。利润潜力是以长期投资回报来衡量的，而不是所有的产业都有相同的潜力。最终利润潜力会随着这种合力的变化而有根本性的不同，这些作用力随产业不同而强度不同。"

"这五种作用力共同决定产业竞争的强度以及产业利润率，最强的一种

---

① 迈克尔·波特. 竞争战略之父 [M]. 常桦，智山，译. 北京：中国物质出版社，2010.

或几种作用力占据着统治地位,并且从战略形成的观点来看起着关键性作用。"①

2.4.4　菲利普·科特勒的战略计划与营销管理

菲利普·科特勒认为:"每个企业都必须根据自己在行业中的地位以及它的目标、机会和资源确定一个最有意义的战略。"② 他指出:"组织—环境互适性,环境变化和组织适应性。"他认为,每个组织都和总体环境的某个部分相互影响、相互作用。"公司的基本任务是为目标顾客市场设计、生产、分配和出售各种富有吸引力的产品和服务。"因此,他提出了"总成本方面领先、差别化、集中化"③ 三大战略。

2.4.5　战略联盟理论和商业生态系统

20世纪90年代以前的企业战略管理理论,大多建立在对抗竞争的基础上,侧重于讨论竞争和竞争优势。20世纪90年代,战略联盟理论的出现,使人们将关注的焦点转向了企业间各种形式的联合。这一理论强调竞争合作,认为竞争优势是构建在自身优势与他人竞争优势结合的基础上的。

美国学者James F. Moore 1996年出版的《竞争的衰亡》标志着战略理论的指导思想发生了重大突破。作者以生物学中的生态系统这一独特的视角来描述当今市场中的企业活动,但又不同于将生物学的原理运用于商业研究的狭隘观念。后者认为,在市场经济中,达尔文的自然选择似乎仅仅表现为最合适的公司或产品才能生存,经济运行的过程就是驱逐弱者。而穆尔提出了"商业生态系统"这一全新的概念,打破了传统的以行业划分为前提的战略理论的限制,力求"共同进化"。穆尔站在企业生态系统均衡演化的层面上,把商业活动分为开拓、扩展、领导和更新四个阶段。商业生态系统在作者理论中的组成部分是非常丰富的,他建议高层经理人员经常从顾客、市场、产品、过程、组织、风险承担者、政府与社会等七个方面来考虑商业生态系统和自身所处的位置;系统内的公司通过竞争可以将毫不相关的贡献者联系起来,创造一种崭新的商业模式。在这种全新的模式下,作者认为制定战略应着眼于创造新的微观经济和财富,即以发展新的循环代替狭隘的以行业为基础的战略设计。

---

① 迈克尔·波特. 竞争战略之父 [M]. 常桦,智山,译. 北京:中国物质出版社,2010.

②③ 菲利普·科特勒. 营销管理 [M]. 梅汝和,等译校. 上海:上海人民出版社,1990.

2.5 本章小结

本章主要描述本书的理论依据与支撑。从分析我国远古战略管理思想入手，包括老子恒道的战略思想、孙子兵法的战争战略理论、诸葛亮三分天下的战略分析、陆羽茶产业的战略思维，我国茶文化底蕴等。尤其是陆羽的《茶经》，将茶的生产、历史、源流、现状、生产技术、饮茶技艺、茶道融为一体，构划茶产业链的战略思维，战略寓意深远。通过分析钱德勒的结构追随战略理论、计划学派安索夫的战略理论、迈克尔·波特的竞争战略理论、菲利普·科特勒的战略计划与营销管理理论以及新时期的战略联盟和商业生态系统等，探讨实现企业组织、顾客、政府、社会共赢。

3 英德红茶产业链与茶文化发展战略现状分析

唐代陆羽在其《茶经》（764年）分上中下三卷列举了茶产业的十大要素：即茶之源、茶之具、茶之造、茶之器、茶之煮、茶之饮、茶之事、茶之出、茶之略、茶之图，是世界上第一部茶叶专著，以深厚的哲学理念，向人们展现了先唐以来我国茶产业和茶文化的丰富内涵，将茶树的性状、茶叶品质、茶叶种类及采制方法、烹茶技术、饮茶用具、饮茶起源、茶文化知识、茶事、茶叶产地等，开创我国茶文化的先河。尔后论茶之书多达数百多种，清代陆延灿的《续茶经》为著名续作。陆羽在《茶经》第八章茶之出写道："岭南生福州、建州、韶州、象州（福州生闽方山之阴者也。）。其恩、播、费、夷、鄂、袁、吉、福、建、韶、象十一州未详，往往得之，其味极佳。"① 这里所说的韶州，正包含着英德在内。古时韶州，即指当今的韶关市，英德一直归韶关管辖。1988年国务院批准清远新建市，英德从韶关划归清远管辖。唐代陆羽谈到，得到这些地方的茶叶，品尝起来味道很好。

3.1 英德红茶历史文化悠久

英德种茶历史悠久，距今已有1200多年。中国茶叶研究所程启坤、庄雪岚两研究员主编的《世界茶业100年》中研究论证："唐朝、五代韶州的曲江、仁化、英德等县均已产茶"，"明代以前英德便成为当时广东省11个产茶县之一；明代时是广东省70个产茶县之一；鸦片战争后是广东84个产茶县之一。"可见英德种茶和产茶历史悠久。

西方对中国的了解最早就是从丝绸和茶叶开始的，丝绸之路除了给西方带去丝绸，更让西方的王公贵族养成了喝茶的高雅习俗，产茶之兴盛同时推动了饮茶文化的形成。随着对外贸易的发展，英德茶叶曾在19世纪上半叶兴盛，后因战事出口受阻而逐步萎缩。鸦片战争以后，英德成为广东主要产茶县之一，种茶和产茶拥有深厚基础。红茶每年产量达4000余吨，远销西欧、北美、大洋洲及中东等70多个国家和地区，闻名中外，成为中国大叶红碎茶出口的重要支柱。

---

① 陆羽［唐］，陆廷灿［清］. 茶经·续茶经［M］. 北京：中国工人出版社，2003.

3.2 英德红茶资源与地理环境优越

英德红茶资源与地理环境见图 3-1 和图 3-2。

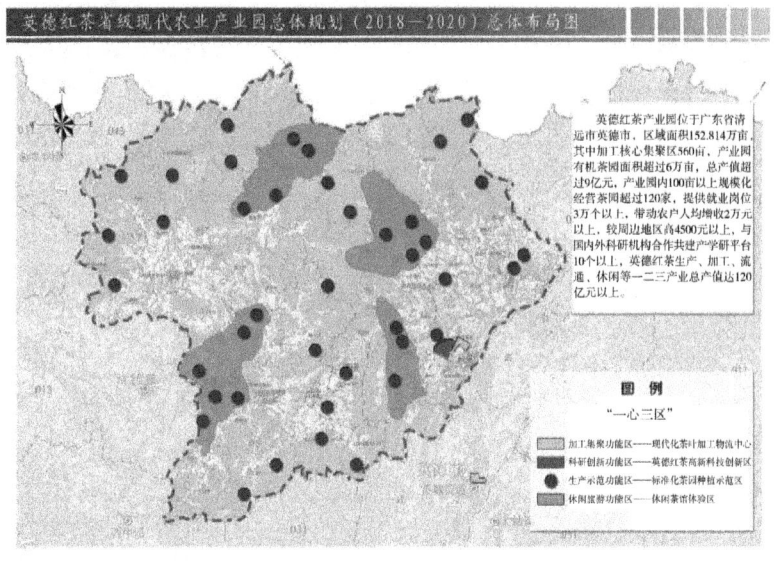

图 3-1

图 3-2

3.2.1 英德茶区地形地貌特点鲜明

英德市地处五岭山脉南缘,为南岭山脉的山地丘陵地带。全境地势北高南低,全市地貌划分为中山区(海拔 1000m 以上)、低山区(海拔 500～1000m)、丘陵区(海拔 500m 左右)和台地、平原等四个类型,种茶多在丘陵山区和台地。英德境内属喀斯特地形地貌丘陵山区,遍布奇山溶洞,洞洞流水不息,石林石笋千姿百态,洞外青山绿水,鸟语花香。英山碧羌羌,江水绿泱泱,风景秀丽,游人忘返。清代诗人查慎行赞曰:"曾从画法见矾头,董巨余踪此地留。渐入西南如啖蔗,英州山又胜韶州。"赞美英德县为环境优美、景色宜人的好地方。

3.2.2 英德茶区生态气候条件好

英德茶区地处北回归线北缘,属南亚热带向中亚热带过渡的地区,生物气候具有过渡性特点。由于气候属南亚季风型气候缘故,境内温暖多雨,既无严寒,亦无酷暑,年平均温度 20.7℃,最热月份为 7 月,平均气温 28.8℃,极端最高温度 38.9℃,最冷月份为 1 月,平均温度 10.7℃,极端最低温度 -3.6℃;≥10℃年积温 7 576℃。年平均降雨量

图 3-3 英德茶区

1 876.8mm,年均降雨日 162 天,年蒸发量 1 619.8mm,年均相对湿度 79%,年均霜期 43.3 天,霜日 9 天,全年无霜期 316.7 天。土壤条件较优越,山丘与丘陵之间一片片的缓坡与台地均为红、黄壤土,土层深厚,土壤肥沃,自然土壤肥力较好,土壤有机质和全氮量都在中等以上,土壤大多数呈酸性,pH 值在 5.5～6.5 之间,极宜茶树生长。

3.3 英德红茶种植

3.3.1 英德红茶建设基地

建设茶叶绿色食品生产基地。绿色食品强调"最佳生态环境",生产原则必须坚持:

(1) 生产茶园远离污染源;
(2) 肥料以农家肥、饼肥为主,严格控制化学肥料;
(3) 茶园管理科学,合理修剪,除草深耕深翻,破坏病虫害生存环境。

3.3.2 品种

云南大叶、凤凰水仙、英红九号、英红一号、五岭红、秀红及其他经国家和省级审定的适制英德红茶的大叶红茶品种;有计划地进行茶园品种改良,推广优良茶树品种。

3.3.3 立地条件

土壤为红、黄壤;土壤有机质含量中等以上;pH 值在 5.5~6.5 之间。

3.3.4 种植时间

茶苗种植宜在 11 月至翌年 3 月。

3.3.5 种植规格

采用双行或单行种植。双行植每公顷植茶苗 30 000~45 000 株;单行植每公顷植茶苗 10 000~15 000 株(见图 3-4)。

种植遮阴树,改善茶园生态环境。适宜树种:托叶盈、台湾相思等。

图 3-4 英德茶园

3.3.6 中耕

中耕深度,浅耕 10~15cm;深耕 20~25cm,冬季进行。

3.3.7 施肥

幼龄茶园种植一个月后方能进行第一次施肥,年施肥 5~6 次。

投产茶园在秋冬季施有机基肥,采取开深沟,开沟深度 40~50cm。在各茶季茶芽萌动前 15 天追肥,全年施肥 4~5 次。

3.3.8 茶树修剪

幼龄茶树采用分段修剪法定型修剪；成龄茶树采用轻修剪、深修剪；衰老茶树采用重修剪或台刈修剪，培养丰产树型（见图3-5）。

图3-5 修剪后的茶园

3.3.9 鲜叶采摘

（1）红条茶鲜叶：采摘单芽或一芽一叶初展，一芽二叶初展，一芽二、三叶及同等嫩度对夹叶。

（2）红碎茶鲜叶：一芽二、三叶及同等嫩度对夹叶（见图3-6）。

图3-6 茶园

3.3.10 综合防治病虫，减少农药残留

推广"以物理防治和生物防治为主"的综合防治方法，综合运用农业防治、化学防治、物理防治和生物防治方法，坚持"预防为主，综合防治"的原则。维护茶园中害虫天敌与害虫达到平衡状态，以控制好害虫种类及数

量。对害虫天敌（如赤眼蜂、捕虫蜘蛛等）做好保护、繁殖释放以及引种工作。具体措施如下：

（1）对茶园中的昆虫实行一定程度的"自生自灭"生长；
（2）推广使用生物农药，特别是植物源环保型农药；
（3）有针对性地选用低毒、快降解、低残留农药；
（4）对于茶树的其他病虫害采用人工捕杀、诱杀方法；
（5）清理农药源头，严格限制违禁农药流入茶区。

3.3.11 病害的防治

英德茶叶生产较常发生的病害主要有：苔藓和地衣病、茶饼病、云纹叶枯病、红绣藻病和根结线虫病等5种。防治方法如下。

1. 苔藓和地衣病

苔藓和地衣病是老茶树较为普遍的病害，它影响茶树正常生长，致使茶树早衰。其防治方法较为普遍的是采用刮刷、人工清除，或用15%的石灰水涂擦，或用苏打水喷施。病害严重的稀疏茶园应进行改植换种。

2. 茶饼病

茶饼病主要影响茶叶产量和质量。受害的茶叶，制出的茶苦涩、质脆、腥味重。这种病主要发生在高山茶区。在低温、高湿、日照短的条件下，加上茶园荫翳、通风不良、不透光和偏施氮肥等情况下容易发生。其防治方法是：加强茶园管理，增强抗病力；摘除越冬病枝；用五氯硝基药剂防治，每亩1~2.5kg，用细土拌匀施表土，然后翻入土中，不要施于茶根；用0.5%的石硫合剂喷施；也可用50%多菌灵可湿性粉剂1 000~1 500倍液防治。

3. 云纹叶枯病

高温高湿气候，利于病源菌产生、传染、萌发，一般6~7月为盛发期。此病多发生于地下水位高、排水不良或土层浅茶园，或管理不善、生长差、虫螨多的茶园，大叶茶或嫩性强的茶树品种而又生长不良的容易发生病害。其防治方法是：加强管理，增强茶树抗病力；采摘病叶，减少菌源；药剂防治，常用甲基托布津可湿性粉剂600~800倍液防治（见图3-7）。

4. 红绣藻病

红绣藻病主要侵袭1~3龄茶树枝条。凡是不利于茶树生长的条件都是该病的诱因。其防治方法是：深翻改土，增施有机质肥料；选择抗病力强的茶树品种；用硫酸铜或波尔多液喷施。

5. 根结线虫病

根结线虫病影响茶树生长，能导致茶树植株矮小、叶色淡黄、脱落、枯死；在根部外表可见大小不等的瘤状物。其防治方法是：深翻晒土2个月，

图3-7 茶园

中间翻土1次;古线磷或呋喃丹药物除治;加强茶园管理,增施有机质肥料等。

3.3.12 虫害的防治

英德茶区虫害达10多种,主要有浮尘子、蚧壳虫、螨虫、蓟马、黑刺粉虱、小卷叶虫、尺蠖类等。

1. 浮尘子

一般每年发生9~15代。若虫和成虫刺吸汁液,吸取养分,使茶树生长停滞,发芽减少,质地变脆,芽叶焦枯。其防治方法是:清除茶园杂草,及时摘茶;用FMC54800乳剂600~900倍配液防治(见图3-8)。

图3-8 茶园

2. 蚧壳虫

蚧壳虫形态特殊,雌雄两型,繁殖迅速。有有性繁殖,也有孤雌繁殖。它能诱发烟煤病,影响光合作用。其防治方法是:加强茶园管理,及时抗旱，清园，勤除杂草，适时修剪，按时采摘，控制螨类蔓延；常用2.5%马拉硫磷乳剂800倍或25%亚酸硫磷乳剂800倍液防治。

3. 螨虫

孤雌生殖，产卵在叶背凹中，追随嫩梢，适合18~26℃的温度。在时晴时雨的天气发生较多。一年发生10~30代，一般在叶背越冬。其防治方法是：加强管理，及时抗旱，清园，勤除杂草，及时采摘，适时修剪，可减少螨类60%繁殖；常用25%喹硫磷800~1 000倍液或50%杀螨磷乳剂防治。

4. 蓟马

每年发生10代以上。特别是旱季发生多，9~10月份是发生的高峰期。其成虫口器锉吸汁液，使茶叶出现两条平行于叶脉的黑褐色痕，后期整棵茶树叶背呈褐色斑，芽叶萎缩，叶片脱落。其防治方法是：要抓好高峰期（6月、9月、10月）的防治；用50%倍硫磷乳剂1 000倍液或90%杀螟丹（巴丹）可溶性粉剂1 500倍液防治。

5. 黑刺粉虱

每年可发生4~5代。高温、高湿、荫蔽、杂草多、间作物密以及地势低洼、通风不良的荫蔽茶园发生较多，成虫随风移动而扩散。虫害严重时，可毁灭茶树。其防治方法是：结合中耕除草、修剪、疏枝控制虫害发展；要保护好害虫天敌，做好生物防治；使用杀灭菊酯20%乳剂6 000~8 000倍液或用40%乐果乳剂1 000倍液或90%敌百虫可溶粉剂1 000倍液防治。

6. 小卷叶虫

幼虫生活隐蔽，每年发生7~8代。成虫昼伏夜出，产卵在叶背，成鱼鳞状排列，上面覆有胶质膜，虫龄增加，活动性越强，危害性也越大。茶树受害后叶片呈火烧状。防治方法：结合修剪、采摘，清除树冠幼虫和虫苞；用灯光、糖醋诱杀；用颗粒体病毒和赤眼蜂防治，用30%的敌敌畏乳剂1 500倍液防治。

7. 尺蠖类

每年发生2~4代，虫蛹在地下越冬，成虫羽化后昼伏夜出，幼虫耐饥能力强，随风雨飘散。1、2龄虫啮食嫩叶表皮成点状，以后啮食叶片成残缺不全状，虫龄越长，危害性越大。其防治方法是：人工打蛾、捕幼虫；灯光和性诱杀；中耕培土杀蛹；用杀灭菊酯乳剂6 000~8 000倍液防治（见图3-9）。

英德红茶茶区峰峦起伏，江水萦绕，喀斯特地形地貌，构成了洞邃水丰的自然环境。茶叶产区多建于丘陵缓坡上，土层深且肥沃，土壤pH值在4.5~5之间，地处南亚热带季风气候，年均气温达20.7℃，雨量丰富，全年相对湿度大，适于茶树的生长。英德红茶分为叶、片、碎、末以及花色，

图 3-9 茶园

每个花色有多个不同等级,经适宜萎凋、揉切、发酵、烘干、复制、精选等多道工序精制而成。

3.4 英德红茶质量特点

英德红茶品种齐全,品质特点突出,规格分明。如表3-1所示。

表 3-1 英德红茶品种和特点

红茶品种	特 点
叶茶（FOP）	条索紧直,匀齐,色泽乌润,芽尖肥壮,金黄色毫尖显露,无梗杂;汤色红亮,香气清高,滋味鲜爽醇厚;叶底嫩匀红亮,抖筛8~9孔,长度1~1.5cm
碎茶1号（FBOP）	颗粒紧结重实,芽尖金黄显露,色泽油润;汤色红亮,香气高爽持久,花香明显,滋味鲜爽浓醇,叶底嫩匀明亮,圆筛8~10孔
碎茶2~5号（BOP）	颗粒紧结,匀齐,色泽油润,不含毫尖;汤色红浓明亮,香气鲜爽浓郁而持久,滋味浓强鲜爽,富有刺激性,叶底红匀明亮,圆筛12~28孔
碎茶6号（BP）	较细嫩的茎子茶,色泽乌褐尚润,汤色尚明亮,香气纯正,滋味醇和,叶底红匀,圆筛9~12孔
片茶（F）	叶片皱褶,大小匀齐,色泽尚润,汤色红亮,香尚鲜纯,味醇尚浓厚;叶低红匀明亮,圆筛12~28孔之轻身茶

续上表

红茶品种	特 点
末茶（D）	手感重实呈砂粒状，色泽润，不含粉灰及泥沙；汤色浓红，香气纯正，滋味厚，叶底红匀尚亮，圆筛28～60孔
金毫茶	外形条索圆紧，金毫满披，色泽金黄润亮；汤色红亮，香气毫香或花香，浓郁持久，滋味浓爽甜润；叶底芽叶完整，肥嫩红亮。为红茶名茶的新花色，填补国内大叶种红茶类高档名茶的空白
英红9号	外形粗壮，色泽乌润细嫩品感；取适量的茶叶，用90℃左右的开水冲泡，五秒左右出水，其汤色红艳、明亮、清澈，香气甜香、浓强鲜爽；茶汤入口滋味醇厚、鲜爽，口感很好、很舒服，饮后回甘甚强，胜于滇红、祁红同类

3.5 英德红茶制作初步流程

（1）采摘（见图3-10）。

（a） （b）

图3-10 采摘茶场景

（2）晒茶（见图3-11）。

（a） （b）

图3-11 晒茶场景

(3) 筛选 (见图3-12)。

(a)　　　　　　　　　(b)

图3-12　筛选茶场景

(4) 揉制 (见图3-13)。

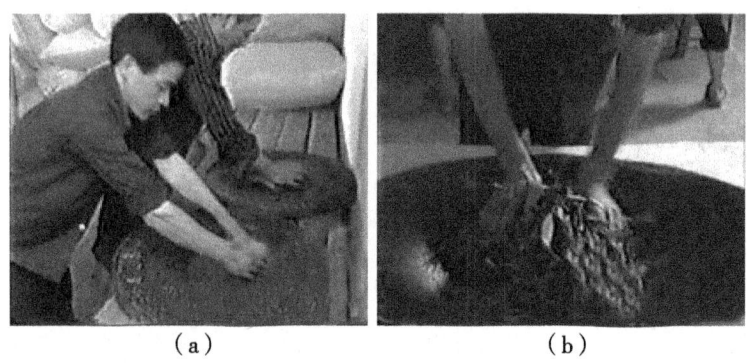

(a)　　　　　　　　　(b)

图3-13　揉制茶场景

(5) 分装 (见图3-14)。

图3-14　分装茶场景

(6) 冷储 (见图3-15)。

图 3-15　冷储茶场景

3.6　英德红茶在鲜叶加工过程中的物理变化

3.6.1　水分变化

鲜叶含水量75%左右，初制红毛茶含水量6%左右，可见红茶在鲜叶初制过程中是一个逐步大量失水的过程。在鲜叶加工过程中，萎凋工序失水速度缓慢，失水量约占总失水量的50%，揉捻（切）发酵工序水分变化不大；干燥工序则在较短的时间内失水量较多，约占总失水量的40%。从失水的角度来说，主要是萎凋和干燥工序，而揉捻（切）、发酵工序则要防止水分散失，以免影响发酵的正常进行。

3.6.2　萎凋工序失水

萎凋过程中，叶子失水的速度在正常情况下呈现相对的快—慢—快的波状失水的现象，而失水绝对量是先多后少。以18小时萎凋失水35%，则前6小时失水约75%，占总失水量5/7，后12小时失水占2/7。萎凋过程中水分变化这一特点是由于鲜叶内水分存在状态所决定的（自由与结合态）。

3.6.3　影响萎凋叶水分蒸发的因素

1．制茶原料

叶子内含水分通过两个途径蒸发，一是叶背面的气孔，另一是叶表角质层。叶子老嫩不同，表皮角质厚度程度不同，老叶角层厚而坚柔，水分难以蒸发。因嫩叶水分多有半数是通过发育不了角质层蒸发的，嫩叶蒸发的速度比老叶快；若老叶嫩叶混杂萎凋则造成失水不匀，影响萎凋质量。

2. 制茶条件

萎凋过程中影响水分蒸发的外界条件因素很多，主要有温度、湿度、通风条件等，它们之间互相影响，其中温度的影响最大。萎凋温度越高，失水越快；失水过快，不仅造成叶子多部位失水不均匀，而且理化变化不协调，化学变化不足，影响发酵正常进行。因此在萎凋工序，要严格控制气温，防止叶温过高，掌握好萎凋叶失水程度、失水匀度、失水速度，以控制和调节叶内物质转化的深度和广度，这对提高制茶品质具有重要的作用。

3. 萎凋促进酶的物化

为红茶品质打下基础的萎凋过程由于叶子缓慢失水，细胞液浓缩，原生质胶体也逐渐浓缩，有机酸含量增加，从而使液膜、原生质膜的可透性提高，细胞内含物的渗透作用增大，酶进一步活化，叶内生化变化加剧，为形成红茶红叶红汤打下基础。由此可见，萎凋过程叶子失水不是一个单纯的物理现象，而是与一系列生化变化密切相关的，因此，在生产上经常以萎凋叶的含水量或减重率来作为萎凋知度的指标。

3.6.4 揉捻（切）发酵工序对水分的要求

萎凋适度，叶子细胞失水，水压减弱，叶质由脆变软，为揉捻（切）准备了物理条件，同时为发酵生化反应创造了最适宜的条件。因为揉捻（切）、发酵工序不要求失水，在高温季节里揉捻室内要洒水，发酵要喷雾洒水，否则失水多，揉捻条索不紧，碎茶多，发酵困难。

3.6.5 干燥阶段水分的要求

经过萎凋揉捻（切）、发酵，红茶品质基本形成，必须立即破坏酶的活性，固定已形成的有效条形，采用一定温度条件，使叶内水分汽化蒸发而达到干燥的目的。干燥工序由于叶内表层水和里层水蒸发速度不同，首先是表层水迅速蒸发，然后，里层水不断运送至叶表层蒸发，因此干燥必须分毛火、足火两步进行。中间还需经过摊晾，才能使叶内绝大部分水蒸发散失，达到毛茶含水量4%~6%的要求。毛火阶段在较高温度下，使叶表层水迅速而大量蒸发，达到破坏酶的活性，制止多酚类化合物的酶性氧化。这阶段失水速度最快，失水量多，占干燥总失水量的5/6，足火叶内含水量20%左右，大部分里层水，由叶内层转送到叶表层蒸发，速度较缓慢，如高温足火造成叶表面硬化，叶内层水分蒸发不出来，便产生外干内湿现象。因此足火必须采取低浊慢烘，以便叶内里层水缓慢均匀地蒸发，红茶自然焕发出香味。

3.6.6 理化指标

1. 红条茶的理化指标

红条茶理化指标如表3-2所示。

表3-2 红条茶理化指标

项目	水分（%）	粉末（%）	总灰分（%）	水浸出物（%）	粗纤维（%）
指标	≤6.5	≤2.0	≤6.5	≥36.0	≤16.5

2. 红碎茶的理化指标

红碎茶的理化指标如表3-3所示。

表3-3 红碎茶的理化指标

项目指标类型	叶茶	碎茶
水分（%）	≤6.0	≤6.0
粉末（%）	≤2.0	≤2.0
总灰分（%）	≤6.5	≤6.5
水溶性灰分（%）（占总灰分%）	≥50.0	≥50.0
酸不溶性灰分（%）	≤1.0	≤1.0
水浸出物（%）	≥36.0	≥36.0
粗纤维（%）	≤16.5	≤16.5

3.7 英德红茶制作工艺技术

初制工艺如图3-16所示。

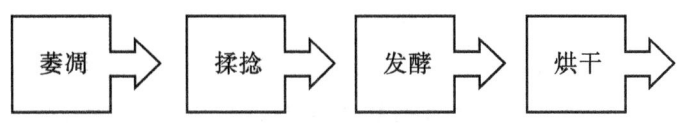

图3-16 初制工艺流程图

3.7.1 萎凋

英德茶区常用的有萎凋槽萎凋和室内自然萎凋。不管采用哪种方法萎凋，摊叶厚度应在10~20cm为宜，时间上以9~18h为好。

3.7.2 揉捻

一般采用揉茶机多次揉捻。揉捻投叶量要根据揉桶大小和叶质情况而定，一般投叶量至桶腔的2/3为宜。揉捻分两次进行，每次30~35min，粗老茶叶可适当延长。在揉捻过程中，要掌握好轻、重、轻的加压原则。即先空揉理条，轻压，后中重压，再轻压，每次加压7~10min，轻压2~3min，交替进行。每次揉后都要解块筛分,分出老嫩。

3.7.3 发酵

经揉捻解块后的鲜叶,进行堆放发酵。摊叶厚度一般 8~15cm 为宜。堆叶房要保持通风状态,室温要控制在 25℃,相对湿度 90% 以上。发酵时间一般需要 30~40min,使叶色呈红黄或浅红,青草气味消失,出现茶香便可上机烘干。英红茶场红旗茶厂在 1984 年设计出省内第一间空调发酵室,用人工调节室温、湿度、发酵时间,取得很好的效果。

3.7.4 烘干

分毛火和足火两次烘干(碎茶一次烘干)。烘焙前将发酵茶叶摊开,其厚度为 1~2cm。当温度达 110~120℃ 时,烘焙 10~15min,中止鲜叶发酵,使鲜叶含水量降到 20%~25%;摊凉 30~40min 后,再进行足火干燥,摊叶厚度增到 2~3cm,用 85~95℃ 温度进行烘焙 15~20min,使茶叶含水量降到 5% 以下。

3.8 英德红茶加工全程实现机械化

转子机式制茶法,省工、省电、产量高、质量好。转子机制茶加工技术规程是:鲜叶原料,要求保持嫩匀鲜净,以一芽二叶,一芽三叶初展为主;萎凋叶含水量 58%~60%,加温萎凋温度不能超过 35℃;揉切,先打条提取毫尖茶,筛面茶揉切 2~3 次,直至茶尾比率在 10% 以下;发酵适度稍轻;采用 110~118℃ 一次干燥,毛茶含水量控制在 4%~6%。初制红碎茶通常叫作毛茶,毛茶是长短、轻重、粗细、整碎、梗杂混合总体,通过精制划分花色、提高净度、调整品质,充分发挥毛茶原料的经济价值。精制工艺:采用圆筛分离茶叶的长短;抖筛分离茶叶的粗细曲直;风选分离茶叶重轻和除劣去杂;拣梗和飘筛之后,达到商品茶的规格要求,拼配调制品质,及时装箱封口,防止受潮,以保持茶叶品质。

3.9 英德红茶集生产、加工、开发、营销和旅游服务于一体

英德红茶生产、加工、开发、营销和旅游管理模式如图 3-17 所示。

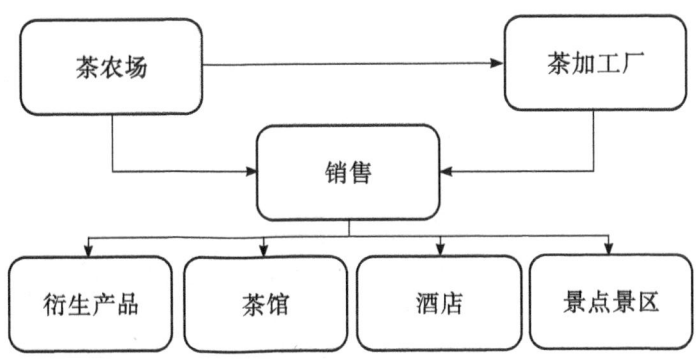

图 3-17　旅游管理模式图

茶艺馆平面图如图 3-18 所示。

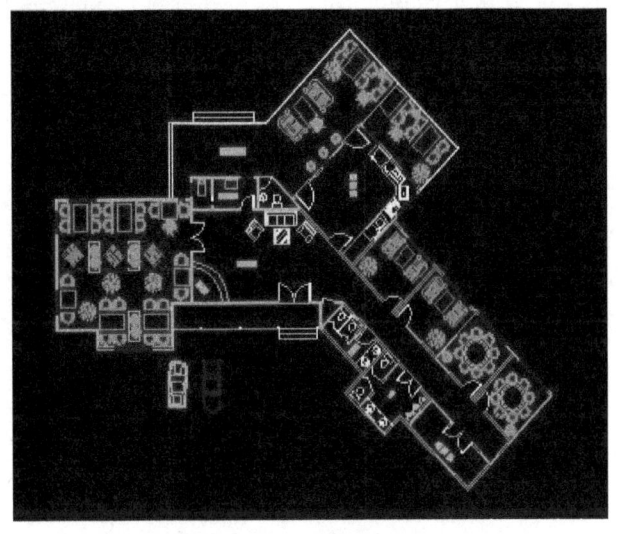

图 3-18　茶艺馆平面图

销售场地总体规划与设施如图 3-19 所示。

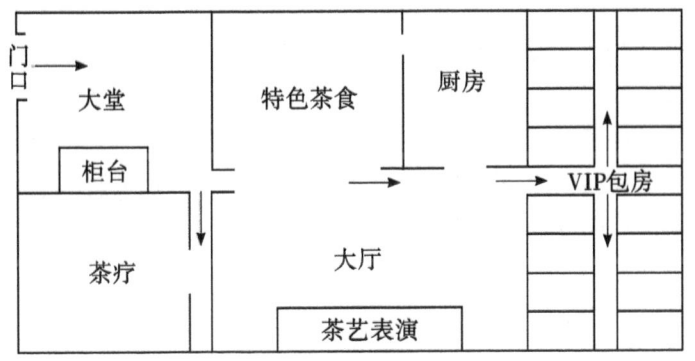

图 3-19　销售场地图

3.9.1 休闲红茶馆

为了更好地展现英德红茶的茶文化，提供便捷的服务，特在广州市建立了一些茶艺馆。场馆装饰简单而不失舒适，主要以木为主要材料，展现了清新的大自然气息。古典灯具为茶艺馆添上柔和的灯光，让人心旷神怡。更好地了解茶历史和茶文化，体悟茶文化（见图3-20）。

图3-20 红茶馆

3.9.2 欣赏茶艺

在这悠闲舒适的茶艺馆里，让人品茶、沏茶、论茶，忘记心中的烦恼，同时点上用红茶所做的小点心，享受舒适高雅的生活。

3.9.3 批发采购

茶艺馆为采购商提供叶茶（FOP）、碎茶一号（FBOP）、碎茶2~5号（BOP）、片茶（F）、碎茶6号（BP）、末茶（D）、金毫茶。配有红茶月饼、伯爵红茶戚风蛋糕、红茶烧肉、红茶叶蛋、红茶饼干、红茶烤卷、茶香骨、红茶棒冰、红茶清远鸡、荔枝红茶布丁、柠檬红茶等。可先品尝，再订购、批发。

3.9.4 零售传情

可让顾客购买自己喜欢的英德红茶品种和茶艺点心。产品分不同的等次、不同的包装。高档品包装精美，一般产品物美价廉，任客选择，给消费者留下难忘的印象。

3.9.5 英德红茶与旅游

1. 观光——游客沁园

游客沁园就是为吸引游客而建立的茶园。在游客沁园里，人们可以一家老少种植属于自己的茶树，并亲自采茶、制茶。游茶园，可戴上斗笠、背上茶篓，享受种茶采茶的快乐。在冬天，茶树芽枝都要摘去，茶树才可积蓄养分，来年春天就能发出更多新芽、制出更多靓茶。冬日采摘的茶叶不及春茶清香，但却更有茶味、更为醇厚。

2. 休闲购物

在茶园里设置休闲购物点。游客们累了可以在茶园内设置的休闲区休息，不仅可以感受茶园风光，还可以品尝新鲜香醇的红茶。在购物点可以购买本茶园所产的英德红茶，种类有英州1号、英红9号、英红1号、秀红、五岭红等及红茶副食品等（图3-21）。旅游业不仅可以带动本地区的经济发展，还能提高红茶品牌的知名度，更加吸引游客的购买欲望，从而扩大销售量。

图3-21 红茶九号茶

3. 品茶（图3-22）

（1）丝竹和鸣：让客人的心境进入一种和谐、庄重的茶艺气氛中。

图3-22 品茶室

（2）展示茶具：在优美、和谐的古典音乐中把茶具准备好。

（3）烹煮泉水：将准备泡茶的水烧开。

（4）温杯洁具：泡茶前先用开水把壶和茶杯里外滚烫一下，使壶和杯保留30~50℃的水温。

（5）佳茗（质量好的茶）入宫：把茶叶投入茶壶内，一般是3~5g的茶量。

（6）温润佳茗：又名温润泡，将热水注入壶中，使茶叶和水充分融合，便于茶叶的色、香、味、形充分发挥。

（7）高山流水：壶嘴对准壶身绕壶一圈，慢慢拉高，高冲低泡可使茶汁快速渗出。

（8）茶海慈航：将茶水均匀斟入品茗杯中；每个茶杯轻点一下，把最后的茶汤倒完。

(9) 敬奉香茗：把冲泡好的茶水敬给客人。

(10) 品饮佳茗：开始喝茶，细品红茶可深入了解茶的文化和茶的艺术。

3.10 英德红茶衍生产品开发与产业链延伸

3.10.1 英德红茶副产品在食品领域的开发和利用

将红茶副产品进行精细加工，能大大激活和提升红茶的产业链，具有十分广阔的发展前景。

英德红茶的副食品如图 3-23 所示。

(a) 红茶烧肉

(b) 红茶叶蛋

(c) 红茶饼干

(d) 红茶烤卷

(e) 红茶清远鸡

(f) 红茶月饼

图 3-23 红茶副食品

3.10.2 英德红茶的功效

英德红茶所含的抗氧化剂有助于抵抗老化。人体新陈代谢的过程会产生大量自由基,容易使人老化,也会使细胞受伤。SOD(超氧化物歧化)是自由基清除剂,能有效清除过剩自由基,阻止自由基对人体的损伤。英德红茶中的儿茶素能显著提高 SOD 的活性,清除自由基。

1. 抗菌

研究显示,英德红茶中儿茶素对引起人体致病的部分细菌有抑制效果,同时又不致伤害肠内有益菌的繁衍,因此英德红茶具备整肠的功能。

2. 降血脂

科学家做的动物实验表明,茶中的儿茶素能降低血浆中总胆固醇、游离胆固醇、低密度脂蛋白胆固醇,以及三酸甘油酯之量,同时可以增加高密度脂蛋白胆固醇。对人体的实验表明有抑制血小板凝集、降低动脉硬化发生率的功效。英德红茶含有黄酮醇类,有抗氧化作用,亦可防止血液凝块及血小板成团,降低心血管疾病。

3. 瘦身减脂

英德红茶含有茶碱及咖啡因,可以经由许多作用活化蛋白质激酶及三酸甘油酯解脂酶,减少脂肪细胞堆积,达到减肥功效。

4. 防龋齿、清口臭

英德红茶含有氟,其中儿茶素可以抑制生龋菌作用,减少牙菌斑及牙周炎的发生。茶所含的单宁酸具有杀菌作用,能阻止食物渣屑繁殖细菌,有效防止口臭。

5. 防癌

英德红茶对某些癌症有抑制作用,但其原理尚在论证阶段。对预防癌症的发生,多喝茶必然是有其正向的鼓励作用。

6. 美白及防紫外线

专家们在动物实验中发现,英德红茶中的儿茶素类物质能抗 UV-B 中波紫外线所引发之皮肤癌。

7. 改善消化不良

英德红茶能够帮助改善消化不良的情况,比如由细菌引起的急性腹泻,可喝一点英德红茶减轻病况。

8. 保健

英德红茶的化学成分具有非常好的保健作用。其化学成分是由 3.5% ~ 7.0% 的无机物和 93% ~ 96.5% 的有机物组成。茶叶中的无机矿物质元素约有27种，包括磷、钾、硫、镁、锰、氟、铝、钙、钠、铁、铜、锌、硒等多种。茶叶中的有机化合物主要有蛋白质、脂质、碳水化合物、氨基酸、生物碱、茶多酚、有机酸、色素、香气成分、维生素、皂苷、甾醇等。

茶叶中含有20%～30%的叶蛋白，但能溶于茶汤的只有3.5%左右。茶叶中含有1.5%～4%的游离氨基酸，种类达20多种，大多是人体必需的氨基酸。茶叶中含有25%～30%的碳水化合物，但能溶于茶汤的只有3%～4%。茶叶中含有4%～5%的脂质，也是人体必需的。

红茶可促进食欲、利尿、消除水肿，具有强壮心肌功能。可帮助消化，消除疲劳。每天喝2～3杯红茶能帮助提高思维能力，长期饮用红茶比不饮茶的人要更加健康，红茶中含有丰富的氟化物，有助牙齿健康。茶还含有天然L-茶氨酸，具有独特的提神醒脑功效。休闲娱乐方面还可切磋茶艺、以茶结缘、以茶会友、以茶传情。

3.11 如何识别真假茶叶

真茶与假茶，既有形态上的区别，又有生化特性上的区别。鉴别真茶与假茶可一闻、二看、三测定。

一闻。闻是指闻茶叶的气味。可干闻，亦可用火烘烤后再闻。凡具有茶叶固有的香气者为真茶；凡带有青腥气或其他异味者为假茶。

二看。看是看叶片的形状。把茶叶用沸水冲泡开，不同品种的茶树其叶片虽有差异，但都有如下共性特征。其一，茶树叶片边缘锯齿一般为16～32对，叶片的锯齿都是上部密而深，下部稀而浅，近叶柄处平滑无锯齿。而假茶的叶片或四周布满锯齿，或者无锯齿。其二，茶树叶片的叶背叶脉凸起，主脉明显，并向两侧发出7～10对侧脉，侧脉延伸至离边缘三分之一处向上弯曲呈弧形，与上方侧脉相连，构成封闭形的网脉系统。凡不具备上述特征的都是假茶。

三测定。测定是指用化学方法测定"茶"中咖啡碱和茶多酚的含量。凡是咖啡碱含量达2%～5%，同时茶多酚含量达10%～20%的是真茶，否则即是假茶[1]。

红茶食用禁忌：英德红茶不宜冷服，冷服容易造成腹泻。

3.12 本章小结

英德红茶历史文化悠久，英德地理环境条件优越，生态气候条件良好。通过对红茶种植、基地建设、品种培育、中耕、施肥、茶树修剪、鲜叶采摘、防治病虫害，挖掘英德红茶产品质量特点；介绍红茶种植制作初步流程、物理变化、工艺技术、机械化加工过程,融生产、加工、开发、营销和旅游服务于一体,积极探讨红茶衍生产品开发与产业链延伸,创新茶农户、茶农场、茶加工、茶营销、茶衍生产品、休闲茶馆、旅游景点景区模式,提升茶艺欣赏鉴别能力和品茶技艺,为英德红茶产业升级改造夯实基础。

3　英德红茶产业链与茶文化发展战略现状分析

4 英德红茶市场营销战略分析

4.1 广州市区茶叶消费分析的抽样调查

2018年3月,广东工业大学华立学院组织2018届工商管理本科毕业班6名学生对320名进入广州市区的消费人群进行随机抽样调查,分析结果如下:

(1) 消费者来自外省和广东其他市人员居多,占62%,如图4-1所示。

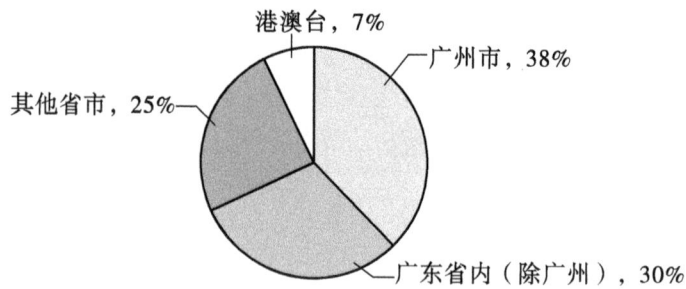

图4-1 来自不同区域茶消费占比图

(2) 消费者年龄结构:18~44岁占88%,如图4-2所示。

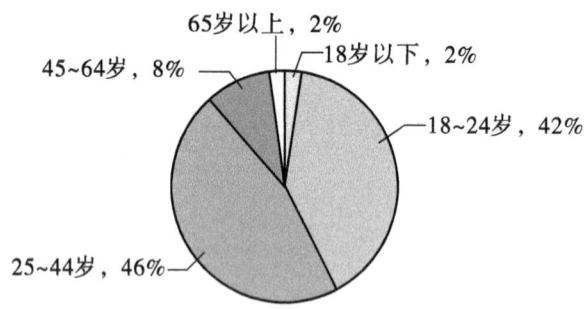

图4-2 不同消费者年龄茶消费占比图

(3) 消费对象性别:男性占57%;女性占43%,如图4-3所示。

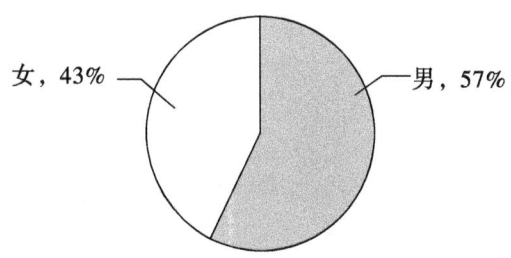

图 4-3 不同性别茶消费占比图

（4）消费者文化程度：中专高中以上学历偏多，占 80%，如图 4-4 所示。

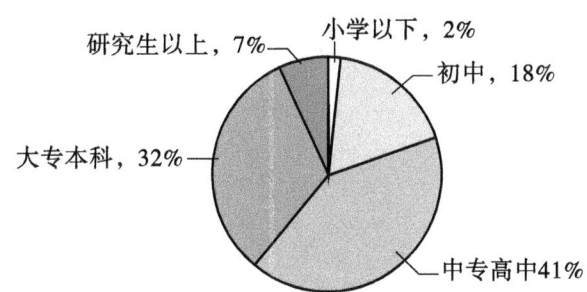

图 4-4 不同文化程度茶消费占比图

（5）消费者职业结构：商贸、自营老板、企管、销售人员较多，占 55%，如图 4-5 所示。

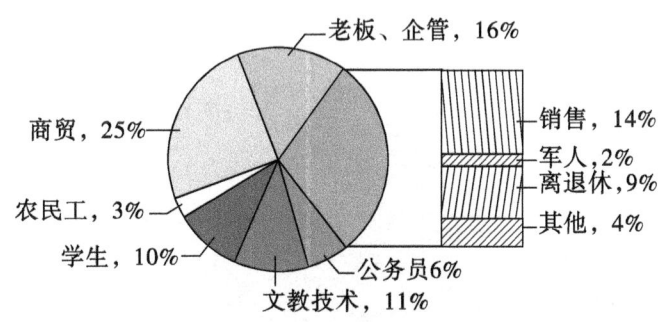

图 4-5 不同职业茶消费占比图

（6）消费者场景：在广州市进行商务业务和其他活动居多，占 52%，如图 4-6 所示。

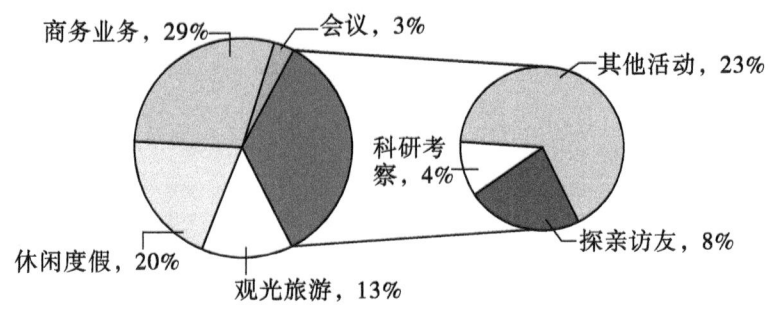

图4-6 不同消费场景茶消费占比图

(7) 消费者在广州市食宿或停留时间3天以上较多,占57%,如图4-7所示。

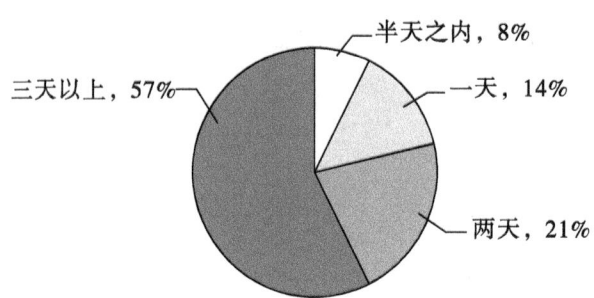

图4-7 在广州食宿停留不同时间茶消费占比图

(8) 消费最多的项目分别是喝茶餐费、购物费、住宿费,占71%,如图4-8所示。

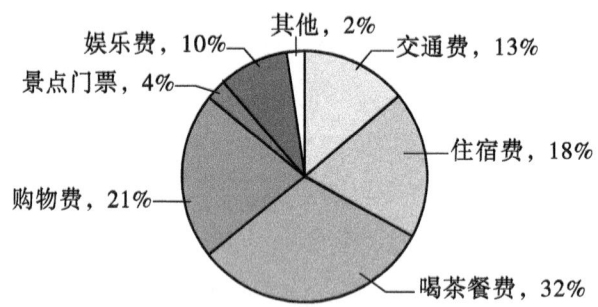

图4-8 不同消费项目的茶消费占比图

(9) 消费者购买服装和喝茶、品尝美食,占79%,如图4-9所示。

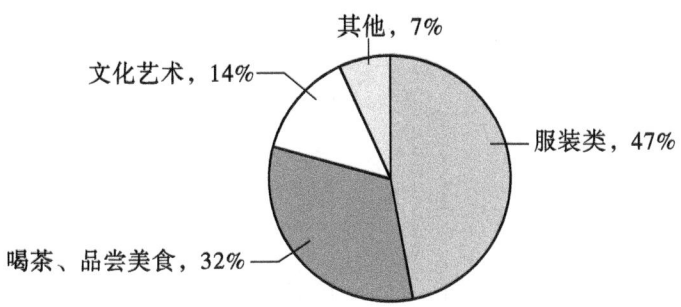

图4-9 不同消费原因的茶消费占比图

（10）消费者最喜欢喝的茶饮料是绿茶、红茶和乌龙茶，占82%，如图4-10所示。

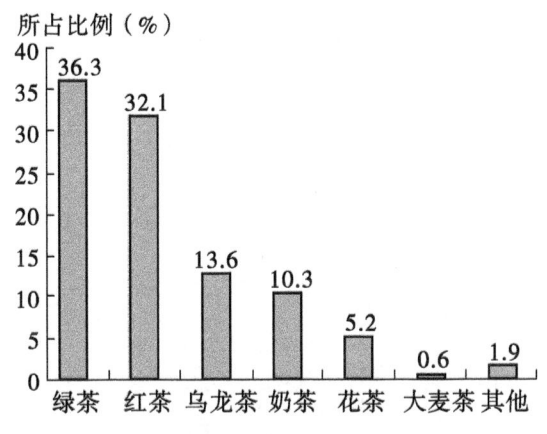

图4-10 不同茶叶消费占比图

（11）消费者泡茶的原因如图4-11所示。

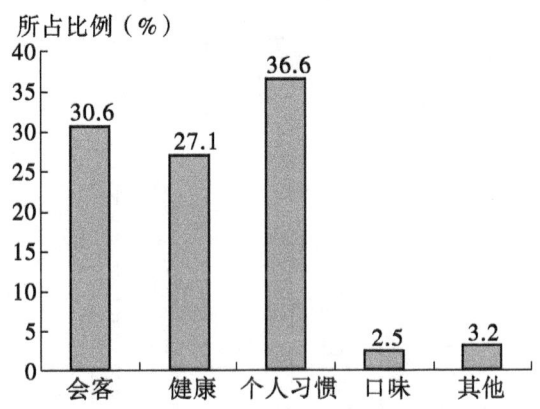

图4-11 不同泡茶原因消费占比图

(12) 消费者喝茶地点如图 4-12 所示。

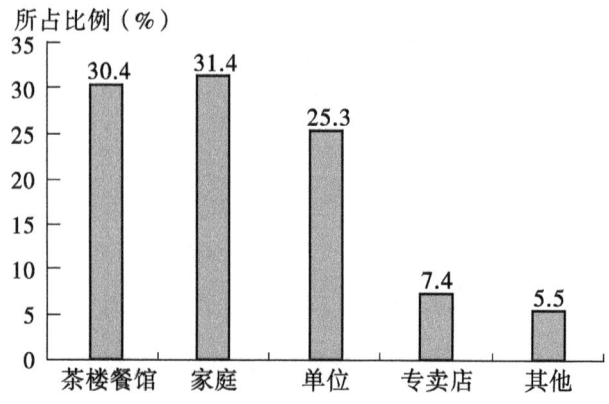

图 4-12 不同喝茶地点消费占比图

(13) 消费者购买茶叶时考虑因素如图 4-13 所示。

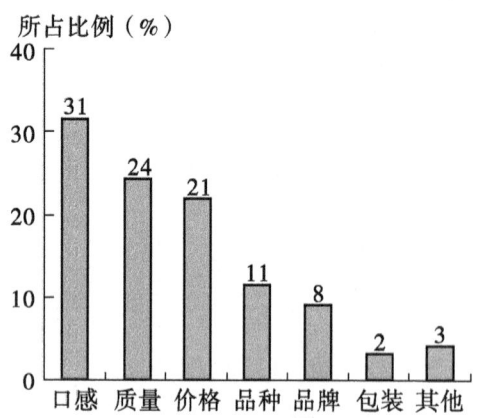

图 4-13 消费者购买茶叶考虑因素占比图

(14) 消费者通过何种渠道了解茶叶如图 4-14 所示。

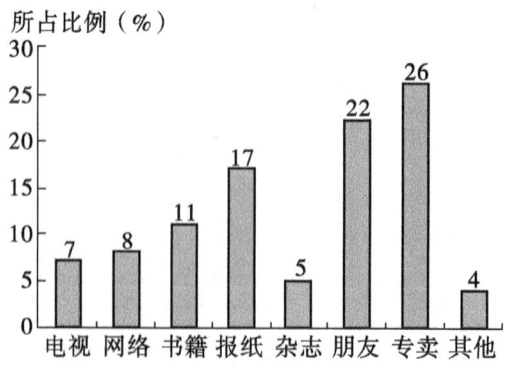

图 4-14 消费者通过何种渠道了解茶叶占比图

（15）消费者购买茶叶地点如图 4-15 所示。

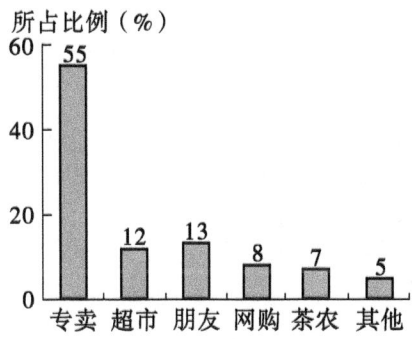

图 4-15　不同购买茶叶地点消费占比图

（16）消费者冲泡茶叶来源如图 4-16 所示。

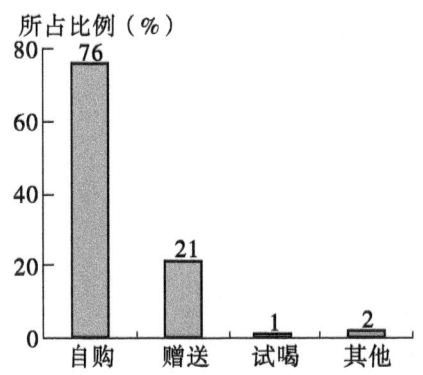

图 4-16　不同冲泡茶叶来源消费占比图

（17）消费者泡茶的频率如图 4-17 所示。

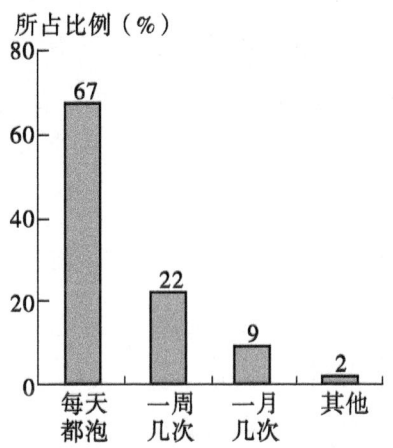

图 4-17　不同泡茶频率消费占比图

（18）消费者每次购买茶叶的数量如图4-18所示。

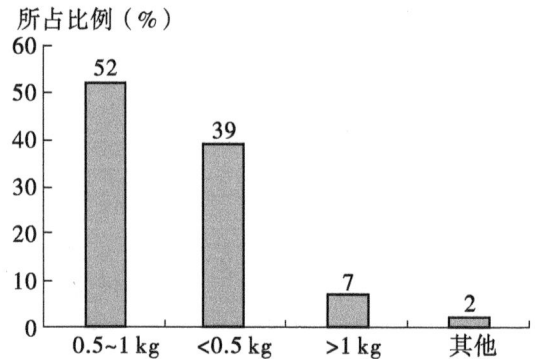

图4-18 每次购买茶叶不同重量消费占比图

（19）消费者对茶叶质量的鉴别能力如图4-19所示。

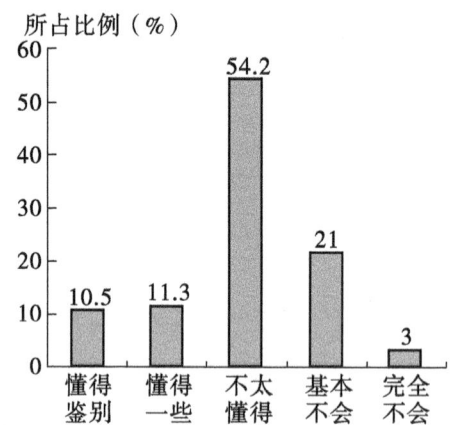

图4-19 对茶叶质量不同鉴别能力消费者占比图

（20）消费者是否有购买茶叶习惯如图4-20所示。

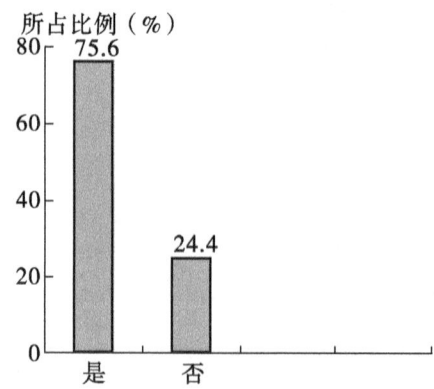

图4-20 消费者是否有购买茶叶习惯占比图

（21）消费者可承受的茶叶价格如图4-21所示。

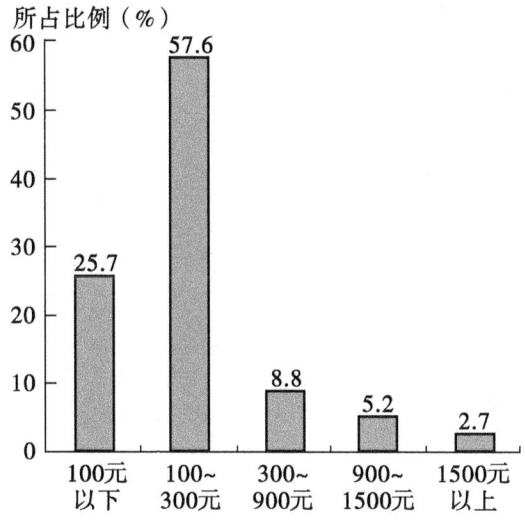

图4-21 消费者可承受茶叶价格占比图

（22）消费者每月购买茶叶的花费如图4-22所示。

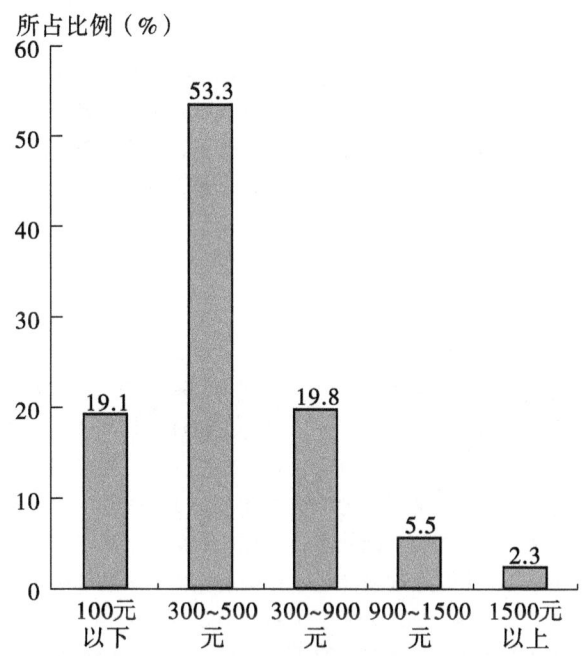

图4-22 消费者每月购买茶叶的花费占比图

4.2 英德红茶 SWOT 分析

英德红茶 SWOT 分析如表 4-1 所示。

表 4-1

优势（strengths）	劣势（weaknesses）
（1）英德红茶四大种植区东经112°45′~113°55′，北纬23°50′~24°33′被国家列为地理标志产品保护范围，获"中国红茶之乡""全国重点产茶县"；"英德红茶"获"国家地理标志保护产品"；2010年国家工商总局批准注册"英德红茶"地理标志证明商标。 （2）地处珠三角的后花园，自然生态环境好，交通便利，可作为出口创汇的窗口；是广东面积最大的县级市，拥有红茶产业丰富的自然资源和良好的地理优势，红茶产业空间大，可持续发展后劲足。 （3）英德红茶质量好，产量大，美誉度高。英德红茶在国内外茶叶评比中荣获各种荣誉数十次之多。其中国际级金奖4次，国家级奖6次，省部级奖26次。曾被指定为英国皇室所享用的靓红茶。	（1）企业规模小，在英德茶区内大大小小近百家茶企和近万户茶农，尚未能形成集团效益，且工艺技术较为落后，难以参与国际竞争，难以形成核心竞争能力，品牌形象不突出，茶叶龙头企业起不到龙头效果，茶文化水平低下。 （2）英德红茶企业产品生产、销售、服务、旅游仍维持在低水平状态，为国外高端茶企提供原料茶较多，缺乏相对稳定的高端国际目标市场。国内内销市场定位不清，产品和营销方式单一，缺少文化元素和内涵，小农经济和小农意识较重。 （3）英德红茶企业管理水平较低，尚未形成以茶文化带动茶产业链的联动，茶农、茶场、茶厂、茶馆以及衍生产品、生产、工艺、技术、文化、品牌、商标等资源尚未形成拳头，自然资源和企业资源尚缺整合、提高。
机会（opportunities）	威胁（threats）
（1）中国经济走向世界并向全球拓展，中国孔子学府的全球布局布点，为英德红茶走向世界，叫响牌子提供了机遇。英德红茶茶文化历史悠久，具有突出的个性和风格，体现其独有文化价值，既能满足人们的"身份需求"，又能通过整合茶叶产业结构，优化产业链条，扩大纵横规模经济水平，实现多层次增值，提高英德红茶整个产业的经济效益，实现品牌效应迈出坚实的一步。	（1）我国茶叶横跨第一、第二、第三产业，超过1亿涉茶人口，8000万茶农，7万家茶企业，186万hm^2茶树面积，180万吨茶叶总产量，30万吨茶叶出口量，3.5亿元茶叶深加工产品产值，2亿元茶馆、茶文化等与茶相关的第三产业，我国种茶面积世界第一，茶产量世界第一，茶出口世界第二，创汇却仅为世界第四，国内国外茶企业竞争激烈，英德红茶同样面临着激烈的市场竞争。

续上表

机会(opportunities)	威胁(threats)
(2)国家、省政府政策有力扶持。国家和省政府出台了系列的惠农政策,为英德红茶打造"有机茶绿色产业链"提供新的发展战略机遇。英德红茶产业链包括红茶产业基地,红茶的种植、加工、生产、销售、深加工,以及茶叶衍生产品的开发,与养生、旅游产品融合一体化,可使英德红茶迅速进入良性循环、建立可追溯性的全程质量跟踪服务体系,建立新的统一的行业标准,使传统行业迈出新的起步线。 (3)衍生产品开发延伸英德红茶产业链,给英德红茶深度开发提供新的发展机遇。英德红茶中所包含的成分很多,将近500种。茶多酚、茶多糖、茶氨酸、茶蛋白、茶皂素,这些提取物都可大量用于药品、保健品生产,延伸到日用品、化妆品、医药等领域。还有茶籽油、原生态食品、泡茶专用水、茶叶枕、茶可乐、八宝茶、茶汁蛋糕、茶汽水、茶酒、茶豆腐等。茶叶浑身是宝,茶产品深度加工充分利用了茶叶资源,丰富了市场产品,开辟茶叶新功能。随着人们生活水平的提高,人们注重健康,追求天然,茶衍生品正进入人们的生活中。	(2)"多、乱、弱"情况严重,导致有名茶而无名牌。一是"多",茶叶品种众多,约有1000多种茶叶;二是"乱",管理无序,标准缺失,茶叶价格随意性大,价格体系相对混乱;"弱",企业实力弱,品牌意识弱,全国7万家茶企业,却不足1000个品牌。名茶≠名牌,缺乏知名茶品牌,缺乏全国性和世界性茶企业。"多、乱、弱"的弱点导致整个茶行业的无序竞争和低层次竞争,消费者购买缺乏依据和方向。 (3)英德红茶市场占有率较低,如何使"国饮"茶叶走向世界,仍属尚未完成的课题。在国际市场上,国外茶商不知道中国有什么,国内茶商也不知道海外需要什么,出口茶叶只能以原料茶为主。目前中国茶叶总产量70%内销,中国红茶出口量不及绿茶,中国人均茶消费量仅为0.4kg,尚未能达到世界人均0.5kg的消费水平。市场占有率低的一个重要原因是缺乏真正意义上的龙头企业,缺乏全球知名品牌。由于企业规模普遍偏小,存在小生产与大市场的矛盾和小农经营与现代茶企业的差距,难以凭借自有品牌占领全国和国际市场。

4.3 英德红茶的服务竞争策略

通过英德红茶的 SWOT 分析,英德红茶企业必须扬长避短,从自身的实际出发,充分发挥优势,克服劣势,抓住机会,避免威胁,牢固树立"4C"策略。

(1)顾客(consumer)策略。顾客至上,英德红茶的使命永远是"使顾客更加满意"。

(2)成本(cost)策略。消费者支持的价格减去适当的利润等于成本上限。不断开拓创新服务领域和功能,不断提升完善英德红茶服务功能和

（3）便捷（convenience）策略。建立顾客的完整档案，加强与顾客的长期联系，重视信息反馈，为顾客提供购买的便利。

（4）沟通（communication）策略。建立健全顾客服务网络和体系，主动出击，加强与顾客的长期服务联系，定期送上节日问候，培养忠诚顾客，提升英德红茶品牌形象，提高红茶企业的忠诚度和美誉度。

4.4　英德红茶产品策略

4.4.1　英德红茶产品的多样性策略

英德茶类产品多元化、优质化，是全国少有6大茶类齐全的茶区，有红茶（英红九号、红条茶、红碎茶、金毫茶、红牡丹、荔枝红茶）、绿茶（岩雾尖、碧翠、雨花茶、英州绒螺、绿牡丹、银毫茶、毛峰茶、清明碧绿、炒青）、青茶（英州一号、黄金桂、单丛、金观音、金萱、翠玉）、白茶（白毫银针、白牡丹、寿眉）、黄茶（广东大叶青）、黑茶（广东陈香茶、千两茶、普洱茶、茯砖茶），以及苦丁茶、野藤茶等。红茶有工夫红茶、小种红茶，绿茶有烘青、炒青、蒸青等之分，就质量特征而言，同类茶叶也有名优茶、大宗茶的区别。由于环境、气候、茶树品种、栽培方式、制茶工艺等方面存在诸多差异，是特定区域自然与人文因素结合的产物，茶叶产品的多样性为茶叶企业实施产品研发、产品线延伸及差异化营销，提供了强有力的资源保障。红茶产品的多样性，必须解决以下三大问题。

（1）以顾客需求为导向。解决好顾客喜欢喝什么的红茶、如何喝红茶、如何喝好红茶的问题。茶企业必须明确经营什么档次的茶。因为满足顾客需求是茶企业的经营致胜的根本，所以茶产品设计必须充分体现顾客的需求。

（2）在设计茶产品和衍生产品及服务时要考虑茶产品或服务的成本占比和获利能力，同时也要参照竞争者的产品价格，并与茶企业的初定价格进行比较，从而确定最合适的价格。既能让顾客接受，又能让茶企业和茶农盈利。

（3）不断提高产品质量，不断创新，时常推出新产品或新服务，创立英德红茶的特色产品和服务。

4.4.2　重塑英德红茶的品牌形象

目前，商品茶质量良莠不齐，销售价格缺乏诚信，茶叶品牌过少，消费者对商品茶的质量和价格，往往是无所适从，无法判断产品的真伪、优劣和真实价位。英德红茶要落地有声，通过品牌打造商品质量、价格和信誉保证，使得消费者对英德品牌红茶表示认同和信赖。由于有些茶叶企业经营规模小，品牌意识淡薄，知识产权（专利、版权、商标）方面投入不足，导致茶叶市场运营不规范、质量不稳定，从而制约了英德红茶市场的深度拓展。成长中的国内市场和一体化的国际市场，对茶叶品牌培育而言，既是市场需求又是发展契机。英德红茶品牌要抓住这个契机，加大对品牌建设的力度，制定切实可行的品牌发展战略，以良好的品牌形象参与激烈的市场竞争。

4.4.3 包装茶的盈利性

包装茶增值空间大、盈利性强，是英德红茶品牌塑造的主要载体之一。品牌包装茶的开发商机，为茶叶产业发展注入了新的活力。茶叶作为快速消费品面对着多元化市场，市场的定位与细分要求茶叶包装应符合现代消费理念的变化。茶叶包装应在坚持中国特色的同时，重视与国际包装惯例接轨，茶叶包装的选材、款式、规格、图文、标注等内容须符合进口国的法律规定、文化特点及消费习惯，从而促进英德红茶获取更高的国际市场份额和经济效益。

4.5 英德红茶的定价策略

4.5.1 英德红茶的定价目标

英德红茶可采取以下定价目标：

1. 市场占有率最大化目标

英德红茶企业通过定价来取得控制市场的地位，在确信赢得较高的市场份额后，能产生规模效益并获得较高的长期利润，通过低价排斥竞争对手。

（1）通过低价刺激需求；
（2）生产与分销成本下降；
（3）低价能吓退现有和潜在的竞争者。

表现：提高市场份额的占有。

2. 产品质量最优化目标

英德红茶企业可考虑产品质量领先的目标，在生产和市场营销过程中始终贯彻产品最优化的指导思想，用相对高价格弥补高质量茶产品的加工和研发的高成本。还应辅之相应的优质服务。从而达到："人无我有，人有我好，人好我优，人优我强"。

表现：高质高价。

3. 投资收益率目标

英德红茶企业在估算费用和期望利润时，计算出毛利（或纯利），然后加产品的成本就是销售价格，企业通过定价，使其投资在一定时期里能够获得一定的投资报酬。在行业中占主导地位的企业常采取这种定价目标。

表现：利润＝价格－成本。

4．稳定定价目标

英德红茶企业为保持价格相对稳定，避免以竞相削价压倒对方为目标的定价。往往该行业中占主导地位的企业率先制定一个较长期的稳定价格，其他企业的价格与之保持一定的比例。这样，对大企业是稳妥的，中小企业也可避免遭受由于大企业随时随意提价而带来的打击。

表现：避免竞价。

5．渠道关系目标

英德红茶要以保持企业与渠道成员之间的良好关系为定价的主要目标。充分考虑维护中间商的利益，以保证对中间商有吸引力的利润，对调动其推销积极性极其重要。

表现：让利于中间商。

6．塑造形象目标

新企业为塑造一定的市场形象或老企业欲改善自身的市场形象而确定的定价目标。英德红茶企业的茶叶价格可以为维护企业的重信誉、高质量形象而相对定高；也可以为树立企业产品物美价廉的形象而相对定低。

表现：通过定价，维护、建立和改善企业形象。

4.5.2　茶企业竞争状况价格因素分析

1．茶企业的竞争地位分析

国内外茶企业及其产品在市场上的竞争地位对最后制定价格有重要的意义，茶企业要在主要市场和竞争能力方面做出基本的估计，列出企业目前处于何种状况，并在分析过程中考虑有关显要的非商品竞争能力，如服务质量、渠道状况、定价方法等。

2．协调茶企业的定位方向

茶企业要从各种公开发表的财务资料或其他材料中，或者以购物者身份索要的价目表中了解竞争对手的产品价格，以便使本企业价格制定更加主动。这方面工作要考虑到企业的定价目标及主要策略。例如：茶企业为了避免风险，可采用"随行就市"的方法，跟着行业中主导企业的价格或主要竞争对手的价格走；也可以在与竞争企业的产品作全面比较后，决定高于或低于竞争企业的价格。

3．评估国内外竞争茶企业的反应

英德茶企业要把即将可能采用的价格及策略排列出来进行分析，评估和预测采用某些具体价格和策略可能引起的主要竞争及同行业的反应。企业的营销情报系统要提供有关竞争企业的材料,如财务、技术、管理方面的优势和劣势,非价格因素的长处与缺点,现行营销策略以及对竞争反应的历史资料,使茶企业的有关决策人员知己知彼,以制定相应的策略和采用适当的方法。

4.5.3 英德红茶定价方法的选择

茶企业定价时,定得太低,不能产生利润;定价太高,不能产生需求。如图4-23所示。

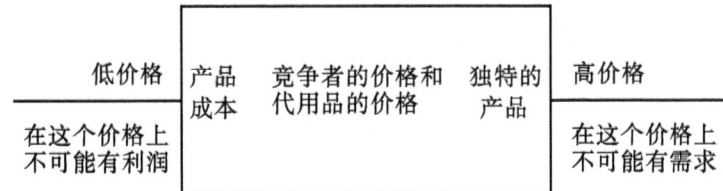

图4-23

英德红茶企业产品价格的高低受市场需求、成本费用和竞争情况等因素的影响和制约,茶企业制定价格时理应全面考虑到这些因素。常用的定价方法有如下4种。

1. 成本导向定价

成本导向定价法是一种主要以成本为依据的定价方法,包括成本加成定价法和目标定价法两种方法,其特点是简便、易用。

(1) 成本加成定价法。成本加成定价是指按照单位成本加上一定百分比的加成来制定产品销售价格。加成的含义就是一定比率的利润。其公式为:

$$P = C(1+R)$$

式中,P为销售价,C为成本,R为利润率。

(2) 目标定价法。目标定价法是指根据估计总销售收入(销售额)和估计的产量(销售量)来制定价格的一种方法。

例如:某红茶有限公司月生产能力为10吨,月固定费用60万元,变动费用180万元,每公斤的平均价格应如何制订。

$$S = C(1+30\%) = (600\,000 + 1\,800\,000)(1+30\%)$$
$$= 2\,400\,000 \times 130\% = 3\,120\,000 \text{(元)}$$

$P = 312$(万元)$/10$(t)$= 312$(元)/kg

该茶企业每公斤的批发价应订在312元以上。

式中,S为销售价,C为成本。

2. 需求导向定价法

以消费者的需求为中心的企业定价方法,通常分为两种:

（1）认知价值定价法：通过消费者对商品价值的认知、理解的程度进行定价的一种方法。

（2）反向定价法：是指企业依据消费者能够接受的最终销售价格计算自己从事经营的成本和利润后，逆向推算出产品批发价和零售价。

3. 竞争导向定价法

以竞争为中心，以竞争对手的定价为依据的定价方法。如随行就市定价法、投标定价法、追随定价法、盈亏平衡定价法、公开及密封定价等。

4. 选定最后价格

选定最后价格是英德红茶企业制定价格的最后一个步骤。在最后确定价格时，通常考虑以下四项原则：

（1）商品价格的制定要与茶企业预期的定价目标一致，这样才有利于茶企业总体战略目标的实现；

（2）商品价格的制定要符合所在国家政策法令的有关规定；

（3）商品价格的制定要符合消费者整体及长远利益；

（4）商品价格的制定要与茶企业市场营销组合中的非价格因素协调一致、互相配合，为达到茶企业营销目标服务。

除此之外，茶企业还要考虑以下情况：

（1）分销商和经销商对这个价格感觉如何？

（2）公司推销人员对此价格感觉如何？

（3）竞争者对这个价格将会作出怎样的反应？

（4）当供应厂商看到价格时，会不会提高他们的价格？

（5）所在国的政府会不会干涉和制止这个价格的制定？

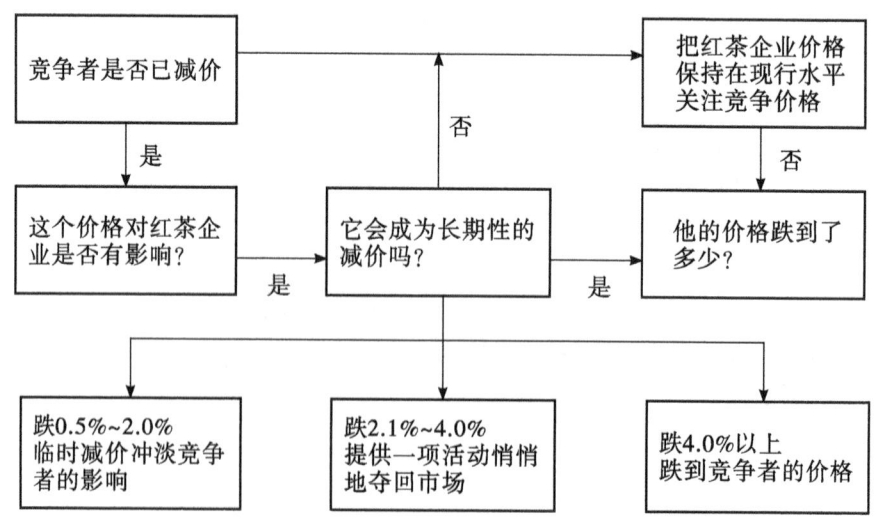

图 4-24　应付竞争者降价的价格反应方案

4.6 英德红茶的营销渠道策略

4.6.1 英德红茶营销渠道定义

英德红茶企业营销渠道是指配合生产、分销和消费某一生产者的产品和服务的所有关联企业和个人。包括供应商、生产商、商人中间商、代理中间商、辅助商以及最终消费者或用户。

英德红茶的分销渠道也叫"销售渠道"或"通路",指促使英德红茶产品和服务顺利经由市场交换过程,转移给消费者(用户)消费使用的一整套相互依存的组织。

4.6.2 英德红茶营销渠道的特征

(1) 由不同英德红茶关联企业或人员构成的流通过程的整体;
(2) 英德红茶企业某种特定产品或服务所经历的路线;
(3) 研究联系英德红茶的相关商品;
(4) 英德红茶分销渠道相对固定。

4.6.3 英德红茶营销渠道结构

英德红茶营销渠道结构主要有两种形式:
(1) 直接式渠道(见图4-25)。

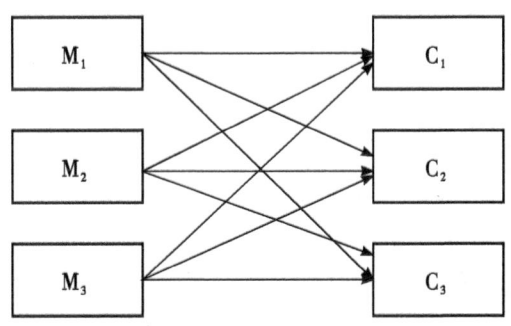

图4-25 直接式渠道营销结构

M代表英德红茶企业生产商;C代表茶消费者。
联系次数:3×3=9
(2) 间接式渠道(见图4-26)。
M代表英德红茶企业生产商,C代表茶消费者,D代表英德红茶企业分销商。
联系次数:3×2=6

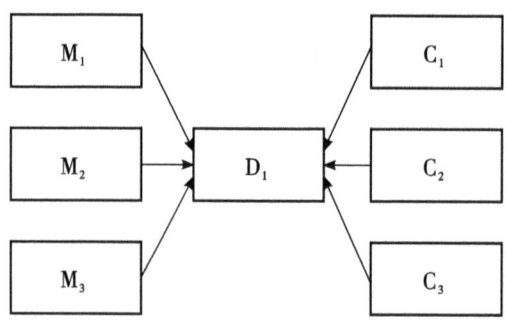

图 4-26 间接式渠道营销结构

4.6.4 英德红茶营销渠道的职能

(1) 研究：收集制定红茶营销计划和交换信息；
(2) 促销：所供红茶产品和服务进行说服性沟通；
(3) 接洽：寻找红茶产品和服务的购买者并与之沟通；
(4) 配合：满足购买者的需求，分类组合；
(5) 谈判：为转移红茶产品所有权达成协议；
(6) 物流：组织红茶产品的运输、储存；
(7) 融资：补偿红茶营销渠道工作的费用支出；
(8) 风险承担：承担与营销渠道工作有关的全部风险。

4.6.5 英德红茶营销服务途径

1. 英德红茶经营商店（铺）

①英德红茶专卖店；
②英德红茶茶艺馆；
③超级市场；
④英德红茶方便店（铺）；
⑤英德红茶批发商店。

2. 按管理系统不同来划分英德红茶营销组织

①英德红茶连锁商店；
②英德红茶自愿联合商店和零售组织；
③英德红茶特许代营服务组织；
④消费协同战略联盟商店。

4.6.6 英德红茶营销流程

(1) 英德红茶实物流（见图 4-27）。

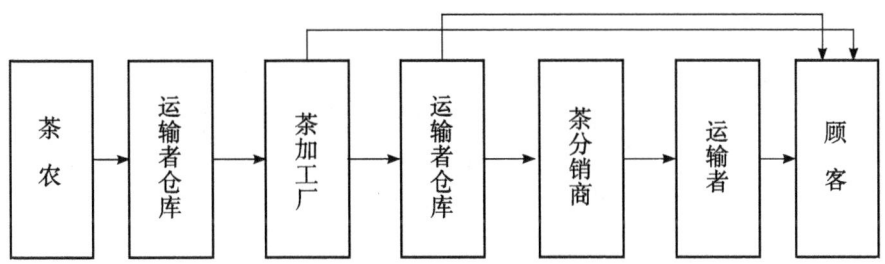

图 4-27 英德红茶实物流

(2) 英德红茶所有权流（见图 4-28）。

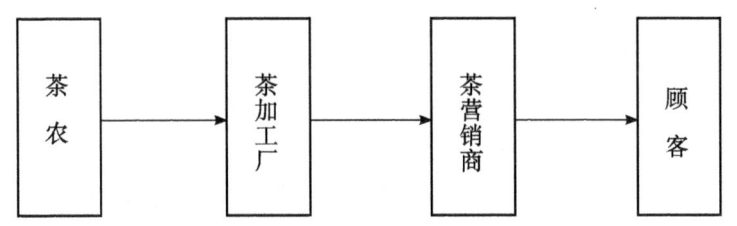

图 4-28 英德红茶所有权流

(3) 英德红茶付款流（见图 4-29）。

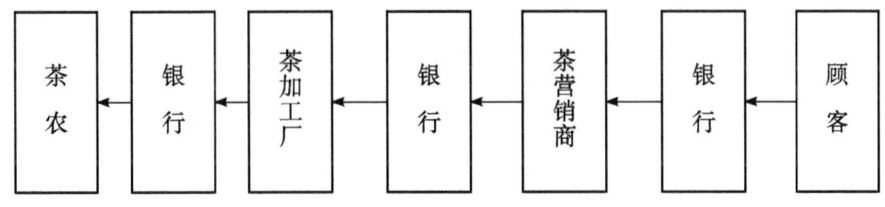

图 4-29 英德红茶付款流

(4) 英德红茶电子商务流（见图 4-30）。

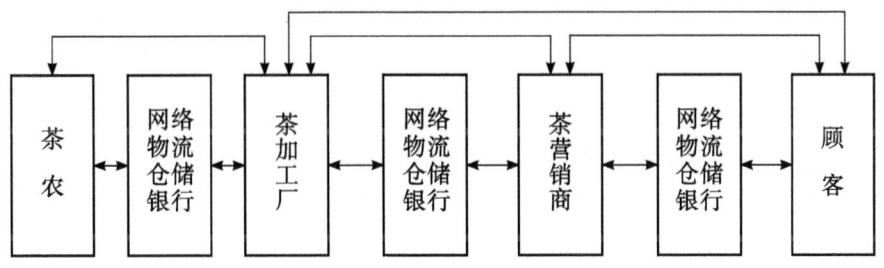

图 4-30 英德红茶电子商务流

（5）英德红茶促销流（见图4-31）。

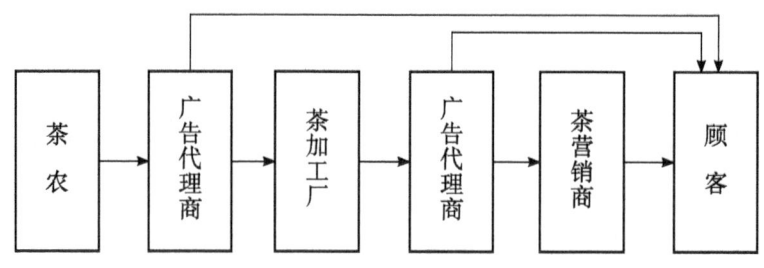

图4-31 英德红茶促销流

4.7 英德红茶促销策略

4.7.1 广告促销

（1）媒体广告。在国内一些专业的、较受欢迎的杂志、报纸、电视上做广告，宣传英德红茶经营宗旨与理念。

（2）网站建设。建立英德红茶自己的网站，用于主题展示、活动推广、网上茶文化和客户交流区，以此来提高英德红茶知名度和扩大市场。

（3）战略联营促销。在英德茶区内外与一些发展较成熟的同行、公司、茶农、客户、旅行社、网站等建立战略伙伴关系，互相建立友情链接，实现互惠互利。

4.7.2 创办每年一届的英德茶文化展览会

加强与国内外的专业技术交流与合作。综合组合如下促销工具：

广告	销售促进	公共关系	人员推销
电视及网络广告	竞赛、竞技	报刊小品	红茶展示陈说
茶包装物广告	对奖彩票	茶演讲研讨会	红茶创意园推介
茶场装饰品宣传	赠品，样品	茶年度报告	红茶网络营销
茶创意园目录	茶展销会	茶慈善捐款	茶时尚信息发布
茶标记标识	茶展览会	捐　赠	茶跨界多元创意
茶文化册子	茶示范表演	茶公共关系	
茶文化传单	茶赠券赠品		
茶名师名录	茶低息融资		
茶网络广告	红茶款待		
茶路牌	入茶园优惠待遇		

4.8 本章小结

本章从进入广州市消费人群抽样检查入手，发出调查样本文本320份，回收率达到94.7%，被调查对象外来人占62%，消费项目最多为喝茶、购物、住宿占71%，喝红茶和绿茶分别占32.1%和36.3%，喝茶地点选择餐馆占30.4%，家庭占31.4%，单位占25.3%，到专卖地点购买茶叶占55%，自购茶叶占76%，每天喝茶占67%，83.3%的顾客可接受每0.5千克300元以下的价格，每月茶花费300~500元的占53.3%，对茶叶鉴别不太懂和基本不会的占75.8%。本章应用SWOT模型分析得出：英德红茶具有地标保护、产业空间大、红茶品质好三大优势，企业规模小、经营水平低、管理落后三大劣势。并提出顾客、成本、便捷、沟通的竞争策略，多样化品牌策略，疏理流通渠道，加强物流、资金流、电子商务流建设等战略思路。

5 英德红茶项目改造和投资战略分析

5.1 英德红茶需要改造项目与投资

英德红茶区改造建设，规划建成以茶文化带动全国有机生态名牌红茶示范基地、全国生态农业示范基地和全国生态旅游 DIY 示范基地。改造项目包括：万亩有机红茶示范园，万亩原生态红茶示范园，万亩生态茶园旅游 DIY 示范园，英德红茶研发和衍生产品创意制作中心，英德红茶示范加工厂，英德红茶馆体验中心，英德红茶展览馆，英德红茶批发销售中心，英德红茶公寓等功能配套齐全的集第一、第二、第三产业于一体的茶文化、茶产业链生态旅游区域。

5.1.1 英德红茶改造项目

英德红茶改造项目如表 5-1 所示。

表 5-1 项目建设内容及规模

建设项目名称	建设项目具体内容	地上建筑面积（m²）	备注
原生态有机红茶园	按照有机红茶园标准要求重新打造建设，包括进入茶园的原生态道路	万亩以上	与茶农建立战略同盟，所有生产的有机原料红茶产品可追溯源头
原生态茶示范园开发	按照国家原生态红茶园标准要求重新开发建设，包括进入茶园的原生态道路	万亩以上	与茶农建立战略同盟，所有生产原料红茶产品可追溯源头
原生态茶园旅游 DIY 示范种植基地	按照生态旅游标准重新打造生态茶园，包括旅游茶景区、景点、观赏和吸引物，进入茶景区线路、道路等	万亩以上	与茶农建立战略同盟，所有生产原料茶产品可追溯源头

续上表

建设项目名称	建设项目具体内容	地上建筑面积（m²）	备注
英德红茶研发和衍生产品创意制作中心	按国际标准建设成研发、检测、红茶衍生产品开发、创意制作研究、试验（包括初试、中试产品）	2 500	可研发、开发、检测、追溯所有英德红茶产业链相关产品及其品质
英德红茶示范加工厂	按照ISO14000标准和红茶工艺技术流程建设红茶示范性加工厂	10 000以上	红茶生产每道工序、流程按照国际惯例严格控制和实施，所有产成品或半成品可追溯源头
英德红茶文化中心	英德红茶创意展示中心（T台）	3 500	英德红茶品牌品种展示，红茶衍生产品发布，茶文化艺术交流，培训接待和艺术表演于一体
	中央接待大厅		
	红茶品牌功能展示厅		
英德红茶馆体验中心	茶艺设计师工作室	3 000	举办各种茶事创意活动，休闲享受生活乐趣，创造环境相聚交流，激荡上乘创作灵感
	红茶馆休闲体验室		
	茶文化艺术家廊坊		
英德红茶研发中心	英德红茶系列产品研发、交易	6 000	引领英德红茶时尚文化风向标，面向不同层次消费者，满足大众个性化需求，彰显高品位的茶气质
	一条龙式研发服务成果（包括实验室、网络、物流仓储、银行等）		
	英德红茶交易培训、洽谈		
英德红茶公寓	客房（100间四星级以上）	5 000	集健康、养生、休闲、自然、绿色于一体，可举办各种中西茶宴会；红茶、红酒、雪茄、音乐、酒吧廊为商务人士提供私人社交的理想场所
	中茶餐厅		
	中茶餐房		
	西茶餐厅		
	茶酒吧		
	品茗休闲馆		

5.1.2 英德红茶资金筹措途径

（1）引进有经济实力的风险投资公司；
（2）广东省和清远市财政扶持；
（3）银行贷款；
（4）英德市政府和当地镇政府资助；
（5）企业自筹。

5.1.3 英德红茶投资分析

英德红茶投资分析如表 5-2 所示。

表 5-2 英德红茶改造投资分析

项目占地面积：2 010 万 m^2，其中需要改造茶园面积 1 330 万 m^2，开发生态茶园 667 万 m^2，新建茶事活动场所 1.05 万 m^2，总投资 3.5 亿元人民币。

第一期投资 1.5 亿元	原生态有机茶园	1 000 万元，用于原生态道路建设和产品改造
	原生态示范茶园	1 000 万元，用于原生态道路建设和产品改造
	旅游 DIY 基地	1 000 万元，用于原生态道路建设和产品改造
	红茶研发和衍生产品创意中心	600 万元，用于设备、检测、测量、测试平台等建设
	红茶示范加工厂	1 500 万元，用于设备更新改造和产品开发等
	红茶馆体验中心	3 000 万元，用于新建 1 500m^2 的茶馆体验中心（预留 3 000m^2 建设用）
	红茶研发中心	6 000 万元，用于新建 3 000m^2 的研发交易平台，包括网络、物流、仓储、银行平台等（预留 6 000m^2 建设用）
	机动	900 万元
第二期投资 2 亿元	原生态有机茶园	追加投资 500 万元，用于原生态道路建设和产品改造
	原生态示范茶园	追加投资 500 万元，用于原生态道路建设和产品改造
	旅游 DIY 基地	追加投资 500 万元，用于原生态道路建设和产品改造
	红茶研发和衍生产品创意中心	追加投资 300 万元，用于设备、检测、测量、测试平台等建设
	红茶示范加工厂	追加投资 500 万元，用于设备更新改造和产品开发等
	英德红茶文化中心建设	4 000 万元，主要用于英德红茶品牌品种展示，红茶衍生产品发布，茶文化艺术交流，培训接待和艺术表演于一体的场地、平台、设备和技术等

续上表

第二期投资2亿元	英德红茶公寓	1.25亿元,集健康、养生、休闲、自然、绿色于一体,可举办各种中西茶宴会;红茶、红酒、雪茄、音乐、酒吧廊为商务人士提供私人社交的理想场所
	红茶馆体验中心	追加投资500万元,用于新建茶馆体验中心,举办各种茶事创意活动,休闲享受生活乐趣,创造环境相聚交流创建平台
	红茶研发中心	追加投资300万元,用于新建研发交易平台,包括网络、物流、仓储、银行平台等
	机动	400万元
项目合计		3.5亿元

5.1.4 英德红茶第一期项目改造开发后经济效益分析

英德红茶第一期项目改造开发后经济效益分析如表5-3所示。

表5-3 第一期经济效益分析

项　　目			金额（万元）	说　　明
原生态有机茶园	年收入	毛茶	15 500	
	成本	经营成本	12 375	
	利润	税前利润	3 125	
		减所得税		
		利润	3 125	
原生态示范茶园	年收入	毛茶	17 500	
	成本	经营成本	14 475	
	利润	税前利润	3 025	
		减所得税		
		利润	3 025	
旅游DIY基地	年收入	旅游服务收入	600	
	成本	经营成本	422	
	利润	税前利润	178	
		减所得税	25	
		利润	153	

续上表

项　　目			金额（万元）	说　　明
红茶研发和衍生产品创意中心	年收入	衍生产品收入	500	
	成本	经营成本	380	
	利润	税前利润	120	
		减所得税	8	
		利润	112	
红茶示范加工厂	年收入	红茶产品收入	31 000	
	成本	经营成本	24 960	
	利润	税前利润	6 040	
		减税收	2 072	
		利润	3 968	
红茶馆体验中心	年收入	服务收入	300	
	成本	经营成本	230	
	利润	税前利润	70	
		减所得税	5	
		利润	65	
红茶研发中心	年收入	服务收入	200	
		场地租金	72	
	成本	经营成本	180	
	利润	税前利润	92	
		减所得税	15	
		利润	77	
合　　计	年收入	服务等收入	65 672	
	成本	经营成本	52 952	
	利润	税前利润	12 720	
		减所得税	2 500	
		利润	10 220	

5.1.4　英德红茶第二期项目改造开发后经济效益分析

英德红茶第二期项目改造开发后经济效益分析如表 5-4 所示。

表 5-4 第二期经济效益分析

项　　目			金额（万元）	说　明
原生态有机茶园	年收入	毛茶	15 500	
	成本	经营成本	11 075	
	利润	税前利润	4 425	
		减所得税		
		利润	4 425	
原生态示范茶园	年收入	毛茶	17 500	
	成本	经营成本	12 375	
	利润	税前利润	5 125	
		减所得税		
		利润	5 125	
旅游 DIY 基地	年收入	旅游服务收入	600	
	成本	经营成本	372	
	利润	税前利润	228	
		减所得税	36	
		利润	192	
红茶研发和衍生产品创意中心	年收入	衍生产品收入	500	
	成本	经营成本	350	
	利润	税前利润	150	
		减所得税	9	
		利润	141	
红茶示范加工厂	年收入	红茶产品收入	31 000	
	成本	经营成本	21 760	
	利润	税前利润	9 240	
		减所得税	2 772	
		利润	6 468	
红茶馆体验中心	年收入	服务收入	300	
	成本	经营成本	210	
	利润	税前利润	90	
		减所得税	5.4	
		利润	84.6	

续上表

项 目			金额（万元）	说 明
红茶研发中心	年收入	服务收入	200	
		场地租金	72	
	成本	经营成本	163	
	利润	税前利润	109	
		减所得税	21.8	
		利润	87.2	
合　计	年收入	经营服务收入	65 672	
	成本	经营成本	46 305	
	利润	税前利润	19 367	
		减所得税	3 486	
		利润	15 881	

5.1.5　英德红茶项目改造投资回收期及盈亏分析

英德红茶项目改造总投资为 35 000 万元，年利率按 6% 计算，分 10 年计本金和利息，固定费用总额为 56 000 万元，每年固定费用为 5 600 万元。

投资回收期 =（35 000 + 35 000 × 6% + 31 500 × 6% + 28 000 × 6% + 24 500 × 6% + 21 000 × 6% + 17 500 × 6% + 14 000 × 6% + 10 500 × 6% + 7 000 × 6% + 3 500 × 6%）÷ 10 220

= 4.55（年）

运营总成本 − 运营固定成本 = 运营变动成本

运营变动费用：21 760 − 5 600 = 16 160（万元）；

单位运营变动费用：161 600 000 ÷ 1 033 333 = 156.39（元）

英德红茶年盈亏平衡点为：

$$X_0 = \frac{F}{W-CV} = \frac{5\,600\,\text{万元}}{300\,\text{元/kg} - 156.39\,\text{元/kg}} = 389\,945\,(\text{kg})$$

300 × 389 945 = 11 698.35（万元）

如图 5−1 所示。

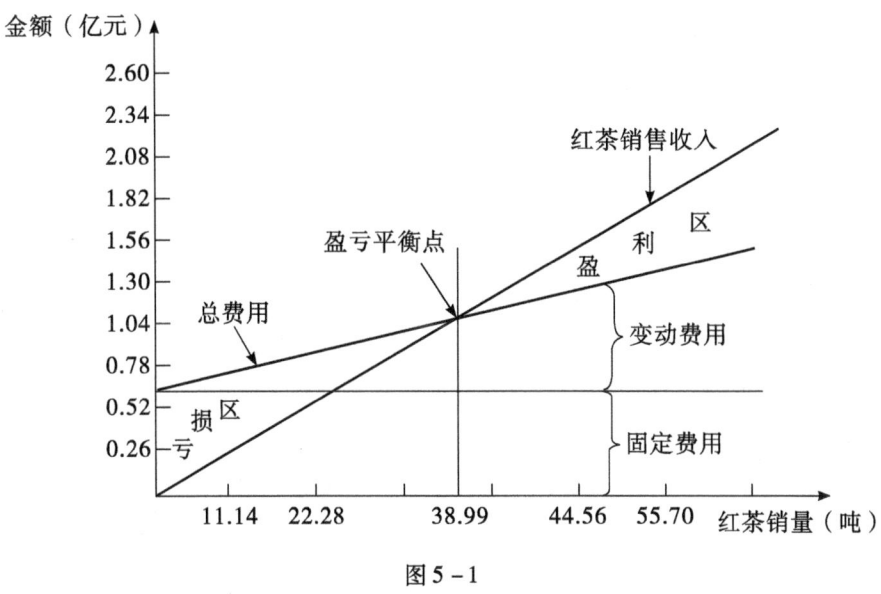

图 5-1

图 5-1 说明，英德红茶项目改造后的盈亏平衡点是 38.99 吨，金额是 11 698.35 万元；即年销售红茶达到 38.99 吨，收入达到 11 698.35 万元时，企业不盈不亏。营业额小于 38.99 吨，营业收入达不到 11 698.35 万元，企业亏损；反之，英德红茶销售超过 38.99 吨，收入超过 11 698.35 万元，企业盈利。

5.2 英德红茶资产负债预测

英德红茶资产负债预测见表 5-5 ~ 表 5-9。

表 5-5 英德红茶资产 2019 年 12 月 31 日负债预测

资产	本年累计（万元）	负债及所有者权益	本年累计（万元）
流动资产		流动负债	
货币资金	2 500	短期借款	5 880
应收账款	1 800	应付账款	5 680
存货	3 500	流动负债合计	11 560
待摊费用	1 600	非流动负债	
短期投资	2 640	长期借款	7 000
预付款项	2 340	负债合计	7 000

续上表

资产	本年累计（万元）	负债及所有者权益	本年累计（万元）
流动资产合计	14 380	所有者权益	
非流动资产		实收资本	7 500
长期投资	7 400	盈余公积	8 700
固定资产	20 000	未分配利润	8 900
减累计折旧	1 420	所有者权益合计	25 100
长期待摊费用	3 300		
非流动资产合计	29 280		
资产合计	43 660	负债及所有者权益合计	43 660

表5-6 英德红茶资产2020年12月31日负债预测

资产	本年累计（万元）	负债及所有者权益	本年累计（万元）
流动资产		流动负债	
货币资金	4 090	短期借款	7 070
应收账款	3 900	应付账款	6 600
存货	3 900	流动负债合计	13 670
待摊费用	2 400	非流动负债	
短期投资	3 500	长期借款	8 000
预付款项	2 500	负债合计	8 000
流动资产合计	20 290	所有者权益	
非流动资产		实收资本	8 200
长期投资	8 600	盈余公积	8 900
固定资产	21 000	未分配利润	13 000
减累计折旧	1 420	所有者权益合计	30 100
长期待摊费用	3 300		
非流动资产合计	31 480		
资产合计	51 770	负债及所有者权益合计	51 770

表 5-7　英德红茶资产 2021 年 12 月 31 日负债预测

资产	本年累计（万元）	负债及所有者权益	本年累计（万元）
流动资产		流动负债	
货币资金	4 620	短期借款	13 280
应收账款	4 880	应付账款	9 080
存货	4 200	流动负债合计	22 360
待摊费用	3 600	非流动负债	
短期投资	4 900	长期借款	9 100
预付款项	4 720	负债合计	9 100
流动资产合计	26 920	所有者权益	
非流动资产		实收资本	9 200
长期投资	9 800	盈余公积	9 500
固定资产	25 000	未分配利润	13 500
减累计折旧	1 660	所有者权益合计	32 200
长期待摊费用	3 600		
非流动资产合计	36 740		
资产合计	63 660	负债及所有者权益合计	63 660

表 5-8　英德红茶资产 2022 年 12 月 31 日负债预测

资产	本年累计（万元）	负债及所有者权益	本年累计（万元）
流动资产		流动负债	
货币资金	5 500	短期借款	16 500
应收账款	4 900	应付账款	10 660
存货	5 100	流动负债合计	27 160
待摊费用	4 800	非流动负债	
短期投资	6 800	长期借款	10 900
预付款项	5 660	负债合计	10 900
流动资产合计	32 760	所有者权益	

续上表

资产	本年累计（万元）	负债及所有者权益	本年累计（万元）
非流动资产		实收资本	10 300
长期投资	11 800	盈余公积	10 500
固定资产	27 000	未分配利润	15 500
减累计折旧	1 800	所有者权益合计	36 300
长期待摊费用	4 600		
非流动资产合计	41 600		
资产合计	74 360	负债及所有者权益合计	74 360

表 5-9 英德红茶资产 2023 年 12 月 31 日负债预测

资产	本年累计（万元）	负债及所有者权益	本年累计（万元）
流动资产		流动负债	
货币资金	4 010	短期借款	22 380
应收账款	3 970	应付账款	11 080
存货	4 400	流动负债合计	33 460
待摊费用	5 700	非流动负债	
短期投资	7 700	长期借款	12 900
预付款项	6 620	负债合计	12 900
流动资产合计	32 400	所有者权益	
非流动资产		实收资本	10 900
长期投资	13 800	盈余公积	11 200
固定资产	35 000	未分配利润	17 000
减累计折旧	2 340	所有者权益合计	39 100
长期待摊费用	6 600		
非流动资产合计	53 060		
资产合计	85 460	负债及所有者权益合计	85 460

5.3 英德红茶未来五年利润预测

英德红茶未来五年利润预测如表 5-10 所示。

表 5-10 英德红茶未来五年利润预测

单位：万元

项　目	2019 年	2020 年	2021 年	2022 年	2023 年
一、营业收入	65 672	65 672	69 800	86 800	106 700
减：营业成本	46 040	41 655	43 784	57 510	73 650
营业税金及附加	2 500	3 486	4 586	5 560	6 600
管理费用	5 295	4 631	5 200	5 400	6 200
营业费用	3 177	3 180	3 230	3 480	4 200
财务费用	1 530	1 530	1 600	1 800	2 000
加：投资收益	1 620	1 660	1 800	2 100	2 500
二、营业利润					
加：营业外收入	1 200	1 300	1 500	1 900	2 300
减：营业外支出	1 050	1 150	1 200	1 550	1 850
三、利润总额	8 900	13 000	13 500	15 500	17 000

5.4 英德红茶未来五年现金流量预测

英德红茶未来五年现金流量预测如表 5-11 所示。

表 5-11 英德红茶未来五年现金流量预测

单位：万元

项　目	2019 年	2020 年	2021 年	2022 年	2023 年
一、经营活动					
现金流入	7 800	7 990	8 800	9 600	10 300
现金流出	7 650	7 770	8 550	9 340	9 950

续上表

项　目	2019 年	2020 年	2021 年	2022 年	2023 年
现金流量净额	150	220	250	260	350
二、投资活动					
现金流入	2 640	3 500	4 900	5 300	6 000
现金流出	2 540	3 380	4 720	5 100	5 700
现金流量净额	100	120	180	200	300
三、筹资活动					
现金流入	5 880	7 070	7 900	8 700	9 000
现金流出	5 850	6 990	7 800	8 550	8 800
现金流量净额	30	80	100	150	200
四、现金及现金等价物净增加额	280	420	530	610	850

5.5　本章小结

本章从经济分析角度，应用量本利分析和财务分析方法，假设英德投资改造项目建设，以茶文化带动有机生态茶园、全国农业示范基地、全国 DIY 旅游示范基地建设，建设项目包括红茶研发和衍生产品创意中心、示范加工厂、茶文化中心、红茶体验馆、红茶批发中心等。引入风险投资，测算资产负债表、损益表和现金流量表，加大投资力度，形成集一二三产业一体化的红茶可持续产业项目。

6 英德红茶产业链和经营发展战略存在的问题

英德红茶产业链和发展战略的问题主要表现为如下"五大不协调":

6.1 良好的生态环境与种植现场管理不协调

6.1.1 幼龄茶树种植成活率低

笔者深入实际调查了解到茶苗移植成活率只有30%~50%,尤其是远距离购买的茶苗成活率更低,个别地方甚至不到10%。由于大面积死苗,给生产单位和广大茶农造成较大的经济损失,如何提高茶苗移植成活率,解决生死问题,加速茶园早成园、早投产是茶叶生产单位和茶农的迫切要求。

6.1.2 天气变化大,影响茶叶正常生长

茶叶的生长发育具有喜温暖湿润,较为耐荫、需水肥、怕冻、怕旱的生态特征,恶劣气候对于种植红茶有一定的风险和危害:

(1)省北部冬季仍会出现-2~-5℃,对茶树产生冻害。中、南部海拔800m以上的茶园,也会出现冻害。

(2)雨季过后,常出现一段干季,高温低湿,影响茶树生长。冬季低温干旱,对茶树生育有一定的影响。

(3)近年来工厂和汽车产生的尾气污染,使得酸雨率提高,酸雨的污染则是最大危害之一。

6.1.3 茶树害虫的危害

茶树从嫩梢至地下部的各部分,均可遭受病虫的侵害,其种类繁多。据调查,茶树病虫害有500多种,这些小昆虫对茶树的危害包括:降低茶树的产量、以茶树的嫩叶为食、引发茶霉病等,造成严重的损失。

6.1.4 地质对茶树的影响

茶树适宜在土质疏松、土层深厚、排水良好、呈酸性或微酸性反应的砾质、砂质土壤中生长。土壤的理化性质影响着茶树对营养物质的吸收活动。随着科学的发展,世界的环境污染越来越严重,其中水污染对土壤的pH值等影响最大,从而也影响到茶树的生长发育及产量(图6-1)。

图 6-1 茶树生长状况

6.2 可持续发展战略与英德红茶资源整合不协调

6.2.1 销售市场上的劣势

由于历史原因，英德红茶分散经营，无序扩张，茶叶数量不断增加，质量下降，规模不同的茶企业茶产品在市场开拓中遇到麻烦和问题，茶产业资源难以整合。

6.2.2 红茶品牌宣传力度不够

英德红茶在我国作为国饮虽历史久远，但在目前市场上，国产红茶缺乏像立顿、可口可乐、百事可乐等饮品的知名品牌，英德红茶仅仅停留在老字号的茶叶专卖店，茶叶销售也只是依靠其"字号"，还远远不能叫响品牌。

6.2.3 茶叶质量差异性大，价格模糊

由于我国茶叶种类、质量的差异性，茶叶质量缺乏国家标准来统一规范，高品位茶的质量级别较为混乱，售价较为模糊。英德红茶面向渠道经销商的出厂价、批发价尚能保持相对稳定，而面对消费者的零售价，往往随意订价、茶价畸高或是价质不符，消费者无从判断商品茶的真正价值及真实价位。

6.2.4 包装质量较差

英德红茶的茶产品经常是"一等茶叶，三等包装"。现虽然有了一定的改善，但与发达国家比较，还有相当大的距离。要追求古朴或新颖、小巧，便于携带。好的包装也能促进茶叶消费和出口。

6.3 结构单调与国际市场营销配置不协调

6.3.1 结构单一,难以适销对路

世界茶叶贸易的红、绿茶比重为3∶1,首先近80%是红茶,主销欧美、大洋洲等国家;其次是普通绿茶;再次是龙井茶,主销日本和东南亚各国。而我国却有着世界80%的绿茶市场。从市场需求出发,应加大对红茶的开发力度。欧美及大洋洲的人们钟情的是可加奶和糖的红茶,西非和北非的人们喜爱的则是有薄荷或柠檬香味的绿茶。印度、斯里兰卡在红茶的生产、价格、质量上已经形成稳定的优势,能左右世界红茶市场。从良种茶园分布看,肯尼亚、马拉维达到100%,日本为78.3%,斯里兰卡为55%,印度、印尼为30%,我国仅为17%;而英德红茶还排不上号。从大宗茶和名优茶比重看,我国名优茶仅占11.3%,仍以大宗茶为主。如何改变结构单一的现状,英德红茶还有很长的路要走。

6.3.2 规模效应尚未形成,难以与跨国公司抗衡

目前世界茶叶市场占主导地位的是欧美的立顿、勃洛克邦、特文宁、英克、劳瑞等跨国公司,他们的营销额占西欧和北美茶叶市场的90%左右,在主要茶叶进口国的市场占有率为60%~80%。英德红茶同国内的其他企业一样,要形成规模效应以降低成本、抗衡跨国公司还有一段漫长的路。

6.3.3 新贸易保护主义架起"绿色屏障"

茶叶中的农残已成为茶叶贸易和消费者最为关心的问题之一。尤其是茶叶进口国,发达国家明显地扩大了检验农药的种类和大幅度降低茶叶中农药最高残留限量(MRL)。例如,欧共体国家1988年规定茶叶中检验的农药仅为6种,而1996年扩大到62种,2007年达到227项,对残留在茶叶中农药硫丹限量从30mg/kg调整为0.01mg/kg,检测标准提高了3000倍,严格的检测标准会导致我们企业竞争力的极大削弱。

6.4 英德红茶产业链要素与茶文化发展战略不协调

6.4.1 英德红茶茶文化引领产业要素不到位

英德红茶资源、物质、财力层面矛盾较为突出,管理层面制度尚不完善,难以形成独特的管理模式参与国际市场竞争;茶文化的价值观缺失,难以统领人、财、物、产、供、销;更加难以形成产、学、研一体化。

6.4.2　英德红茶发展规划尚未形成合力

英德红茶需要朝着什么方向发展？战略愿景是什么？企业的概念是模糊的。这是一项艰巨的任务，需要管理者有明确的发展方向。

6.4.3　英德红茶缺乏设立长远目标和实现目标的发展战略

英德红茶对设立目标的管理，即如何将战略愿景转化为明确的绩效目标，并以这些目标为尺度，来跟踪公司的发展和成绩是有缺陷的；在制定发展战略方面，如何积极地寻找做新事情的机会或者以一种新的方法做现在的事情，仍然处于被动的地位。企业的经营环境变化得越快，就越需要管理者及时回应并做出战略调整，英德红茶这方面的反应是较慢和落后的。

6.5　互联网＋与订单、跟进、服务、结算、全域管理和监控不协调

6.5.1　互联网＋尚未广泛应用

许多农业企业仍停留在小农意识和小生产管理水平，未能充分发挥和利用互联网＋的作用。

6.5.2　订单只立足于价格便宜方面做文章

（1）竞争方面多数农户和农业企业热衷于打价格战，容易造成两败俱伤，使企业缺乏应有的活力。

（2）广撒网，不跟进，不服务，不宣传；不愿做艰苦细致工作。

（3）缺少文化与艺术修养。

6.5.3　缺少售前、售中、售后服务意识与能力

（1）售前不作调查研究，胸中无计划、无方案。

（2）售中不关注客户，不分析客户，不善于帮助客户解决实际困难和问题。

（3）售后缺乏对客户的关怀，无法建立客户的信息与档案。

（4）结算服务使用现金结算居多。

6.5.4　缺少全域管理的能力与水平

（1）人力资源管理方面缺乏长远规划与目标，管理能力与水平偏低。

（2）资金管理尚未能到位，有限的资金未能充分发挥其作用。

（3）物流流动过程缺乏有序，库存容易积压。

（4）时间和空间概念较为淡薄。

6.5.5 监控监管不完全到位

（1）生产管理环节尚未能从源头抓好。
（2）经营管理方面缺乏活力。
（3）茶园生态系统监管尚不到位。
（4）茶叶加工环节监控缺乏标准化。
（5）一二三产业项目监控监管不得力和不协调。

6.6 本章小结

本章主要从生态建设与现场管理、可持续发展战略与资源整合、结构单调与市场营销配置、茶文化发展与战略定位不清、互联网＋诸要素和全域管理及监控等方面问题进行剖析。

（1）针对存在问题如何适应环境变化，整合茶园土地资源，解决茶树虫害，减少空气污染。

（2）针对竞争力低下问题，加快销售市场开发，重塑英德红茶品牌，防范生态、技术、市场风险。

（3）面对外贸出口难题，研究跨国公司经营法则，选准国内外市场突破口，创造新优势。

（4）针对红茶资源、物质、财力乏力问题，构建茶文化茶产业链，明确英德红茶宗旨与愿景，启动发展战略项目，提升企业人力资源能力与水平。

（5）关于拓展互联网＋创新创业空间存在的主要问题及寻求解决问题途径和办法。

7 英德红茶发展战略的构建

7.1 重构以英德红茶茶文化为核心的产业链

英德红茶产业链如图 7-1 所示。

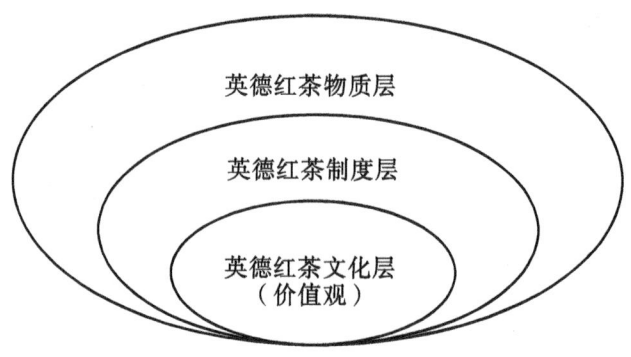

图 7-1 英德红茶产业链

7.1.1 夯实英德红茶产业链的物质层

英德红茶从一种普通植物发展为饮料之王,必须经历从普通植物到饮品,再从饮品上升到文化高度的过程。人们从事茶叶生产活动和交换活动,即有关茶叶的栽培、制造、加工、保存、化学成分及疗效研究等,还包括品茶时所使用的茶叶、水、茶具以及桌椅、茶室等看得见摸得着的物品、建筑物和标的,这些都构成茶产业链的物质层面。

英德红茶文化的物质层主要指茶、茶具、装饰、水等,尤其以茶质最重要。对于茶,按我国茶类划分有"青、红、黄、绿、黑、白"六大类,每个种类又可分多个等级,有很多品级及花色品类。这些茶类中不同茶类品质特点就有很大差异,同一茶类因茶树品种、种植生产环境条件、栽培和加工技术不同也存在很大差异。然而,由于茶的品饮场面、茶的品质、品茶器皿、品饮艺术、品饮环境以及品饮精神追求不同,同样出现差异。

7.1.2 完善英德红茶产业链的经营管理制度层

一是建立、完善英德红茶产业生产经营管理制度体系。如《茶场管理制度》《茶加工厂管理制度》《员工岗位责任制》《员工学习培训管理办法》《卫生管理办法》《茶馆连锁店管理办法》《员工工资福利制度》《奖惩制度》《促销办法》《服务流程与规范》等；

二是在执行制度的过程中，坚持奖惩分明，以奖为主，并且精神奖励与物质奖励并举；

三是产业链的每个经营管理制度一经颁布，就令行禁止，严格执行，以制度管人。

7.1.3 凸显英德红茶文化层（价值观）

英德红茶茶文化的形成和发展，一方面要融汇自然科学与社会科学的丰富知识，可通过茶了解自然和改造自然；另一方面要融汇儒、佛、道诸家的哲理，人们通过饮茶，明心净性，增强修养，提高审美情趣，完善人生价值取向，形成了高雅的精神文化。饮茶作为人的生理需要和生活方式转化为生活情趣与精神追求，不仅体现出人与人、人与茶及人与自然的关系，而且完美地展现人生的价值观，如图7-2所示。

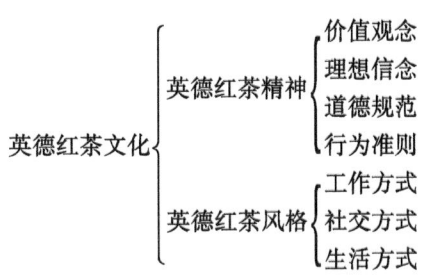

图7-2 英德红茶文化观

英德红茶文化的价值观，是人们通过茶事活动，在认识自然、了解社会的生产与生活中所形成的观点和态度。具体地说，包括了人与自我的关系，与他人的关系，与民族和国家的关系，与自然环境的关系。中国茶文化的人生价值观的思想，与生产生活实践相依托，与自然环境相结合，与人文和历史相伴随，贯穿于茶文化发展的历程，形成中国茶文化博大精深的思想内涵，分析和研究中国茶文化关于人生价值的思想，了解茶文化历史，发扬光大中国茶道精神，有着十分重要的作用。英德红茶茶文化主要体现在四方面的价值：

1. 重德——摆正人与自我关系的准则

重德，是英德红茶文化人生价值观中最基本的内容。讲究茶德，塑造高尚人格，完善自我，实现自身的人生价值，是历代茶人崇尚和追求的目标，也是英德红茶文化的核心内涵。茶德的树立，既是茶自然特性的显现，也是茶人精神的流露，同时又是茶人所确立的道德标准和行为规范。茶性蕴含着茶德；茶德是茶道的灵魂；茶道孕育了茶人精神。

2. 尚和——协调人与他人关系的宗旨

英德红茶茶道中"和"的基本含义包括和谐、和敬、和美、平和等，其中主要是和谐。通过以"和"为本质的茶事活动，创造人与自然的和谐以及人与人之间的和谐。茶文化关于"和"的内涵既包含儒、佛、道的哲学思想，又包括人们认识事物的态度和方法，同时也是评价人伦关系和人际行为的价值尺度。"和"是英德红茶文化哲学思想的核心。"和"是人们认识茶性、了解自然的态度和方法；"和"是规范人伦关系和人际关系的价值尺度。

客来敬茶，以茶示礼，既是一种风俗，也是一种礼节。人们通过敬茶、饮茶、沟通思想，交流感情，创造和谐气氛，增进彼此之间的友情。这种习俗和礼节在人们生活中积淀，凝炼和阐发，成为中华民族独特的处世观念和行为规范。体现在人伦关系与人际行为上，就是以和谐、和睦、和平为基本原则，来达到社会秩序的稳定与平衡。如在人际关系的处理上，诚信、宽厚、仁爱待人是为了"和"；遇到矛盾时，求大同、存小异，这是一种"和"；在激烈的竞争中，坚持平等、公开、公正的原则，也是一种"和"；对待纷繁、浮躁的世俗生活，要求平心静气，则是另一种"和"。

3. 崇俭——处理个人与民族及国家关系的基础

以茶崇俭、以俭育德，既是英德红茶茶道精神，也是茶文化关于人的人生价值的重要思想内容。茶在守操、养廉、雅志、励节等方面的作用被历代茶人所崇尚。2000年黄建璋教授在华南农业大学首届茶文化节活动会上明确提出茶文化是茶被饮用过程中产生的精神成果总和，饮茶过程的精神可划分层次，其层次结构内涵为："俭、清、和、美"四个字。"俭"为俭省朴实、勤俭育德；"清"为清正廉洁、清闲优雅；"和"为和诚相处、和睦友爱；"美"为美真康乐、美的享受。饮茶过程的精神层次如表7-1所示。

4. 贵真——沟通人与自然关系的要求

贵真，就是讲求人与自然的亲和，追求真善美的统一。这是英德红茶茶道的核心内容，它是传统茶文化的魅力所在，同时也是茶人对人生价值的最终追求。

英德红茶作为中华民族优秀茶文化的一个组成部分，是人类社会共同享有的物质精神财富。当今世界面临着"和平与发展"的主题，英德红茶文化要走向世界、走向未来，意义十分重大。研究和开发茶文化的人生价值观的思想资源，弘扬和重构民族文化精神，对于提高国民的整体素质具有重要的作用。

表 7-1 饮茶过程的精神层次

层次顺序	层次内涵	层次含义	层次属性
第一层次	俭	茶性俭,俭省朴实、勤俭育德	基本伦理思想（道德层次）
第二层次	清	茶者清,清正廉洁、清闲优雅	实践心灵感受（修养层次）
第三层次	和	茶导和,和诚相处、和睦友爱	哲学思想核心（礼仪层次）
第四层次	美	茶至美,美真康乐、美的享受	终极意境追求（审美层次）

7.2 将英德红茶产业链项目纳入国家级粤港澳大湾区发展战略轨道，培育新的经济增长点

粤港澳大湾区（Guangdong – Hong Kong – Macao Greater Bay Area），是由香港、澳门两个特别行政区和广东省的广州、深圳、珠海、佛山、中山、东莞、惠州、江门、肇庆九市组成的城市群，是国家建设世界级城市群和参与全球竞争的重要空间载体。

粤港澳大湾区是继美国纽约湾区和旧金山湾区、日本东京湾区之后的世界第四大湾区。2017 年，粤港澳大湾区人口达 6 956.93 万人，GDP 生产总值突破 10 万亿元，约占全国经济总量的 12.17%，GDP 总量规模在世界国家排行中名列 11 位，与韩国持平，是全经济最活跃的地区。

建设粤港澳大湾区，是习近平总书记亲自谋划、亲自部署、亲自推动的国家战略，是新时代推动形成全面开放新格局的新举措，也是推动"一国两制"事业发展的新实践。粤港澳大湾区建设已经写入十九大报告和政府工作报告，提升到国家发展战略层面。推进建设粤港澳大湾区，有利于深化内地和港澳交流合作，对港澳参与国家发展战略，提升竞争力，保持长期繁荣稳定具有重要意义。

粤港澳三地将在中央有关部门支持下，完善创新合作机制，促进互利共赢合作关系，共同将粤港澳大湾区建设成为更具活力的经济区、宜居宜业宜游的优质生活圈和内地与港澳深度合作的示范区，打造国际一流湾区和世界级城市群。2018 年 11 月，中共中央、国务院明确要求以香港、澳门、广州、深圳为中心引领粤港澳大湾区建设，带动珠江 – 西江经济带创新绿色发展。

笔者认为，英德红茶的定位：打造国家级的粤港澳大湾区红茶产业基地

绿色原生态示范园。从地理位置上看，英德距广州140公里，距深圳、澳门、香港分别为266公里、260公里和331公里，因为高铁的开通，均属于1小时生活工作圈内。从生态环境的需求上，建设世界上第四大湾区，人口近7 000万人，产值超10亿元，十分需要原生态的后花园。从传统产业产品项目转型升级来看，英德红茶已经具备了天时地利人和的条件；从品牌文化来看，英德红茶可借船出海，再铸辉煌和风采。

在我国改革开放40周年的重要历史节点上，全面建成小康和推进现代化进程，全面推进珠江三角洲地区经济社会一体化，着力增强大湾区城市群整体竞争力，有利于英德红茶项目产业链的开发、形成与发展。从而塑造珠三角以广州、深圳、珠海为核心，加快形成发挥现代服务业、高新技术产业、区域创新体系、基础设施现代化、公共服务体系完善等优势，将进一步推动英德红茶产业链以广佛肇、深莞惠、珠中江为平台向深度和广度发展，形成资源互补、产业关联、梯度发展的多层次服务产业圈，形成英德红茶知识含量高的产业链，推进服务业的高层次发展。

7.2.1 英德红茶发展战略管理层次

英德红茶发展战略管理层次如图7-3所示。

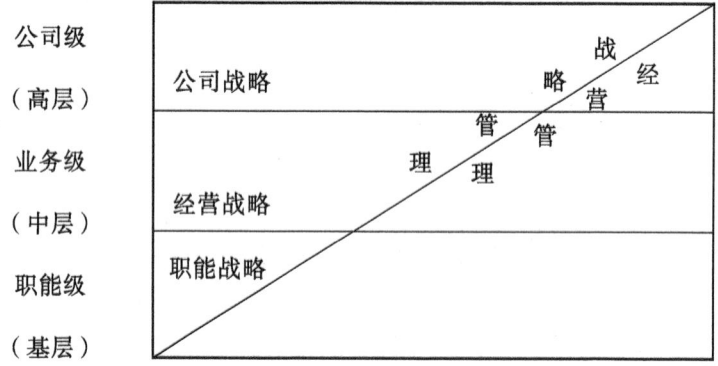

图7-3 英德红茶发展战略管理层次图

1. 公司战略

公司战略也称为英德红茶的总体战略，它是战略管理的总纲，是英德红茶的最高管理层指导和控制整个公司一切行为规范的最高行动纲领。公司总体战略包括战略决策的一系列最基本的因素，如英德红茶的宗旨与性质、资源配置、组织结构和组织形式、主要从事的行业或业务、英德红茶发展速度与发展规模、英德红茶的投资决策，以及其他有关公司命运的重大决策等。英德红茶总体战略由一系列重大目标、重大计划、重大行动所构成，是英德红茶发展战略利益的基础。

2. 经营战略

英德红茶经营战略是企业内部各部门和所属单位在公司总体战略指导下经营管理某一个特定的经营单位的战略计划。经营战略是经营一级的战略，它的重点是要改进一个经营单位在它所从事的行业中，或某一特定的细分市场中所提供的产品和服务的竞争地位。经营战略涉及这个企业在它所从事的某一个行业中如何竞争的问题，涉及企业在自己的这一经营领域中扮演什么角色，以及在经营单位内如何分配资源的问题。

3. 职能战略

英德红茶职能战略是为贯彻、实施和支持公司总体战略与经营战略而在企业特定的职能管理领域制定的战略。职能战略的重点是提高公司资源的利用效率，使英德红茶资源的利用效率最大化。它由系列详细的方案和计划构成，涉及经营管理的所有领域，包括财务、生产、销售、研究与开发、公共关系、采购、储运、人事等各个部门。

7.2.2 英德红茶发展战略管理的过程模型

英德红茶发展战略管理的过程模型如图7-4所示。

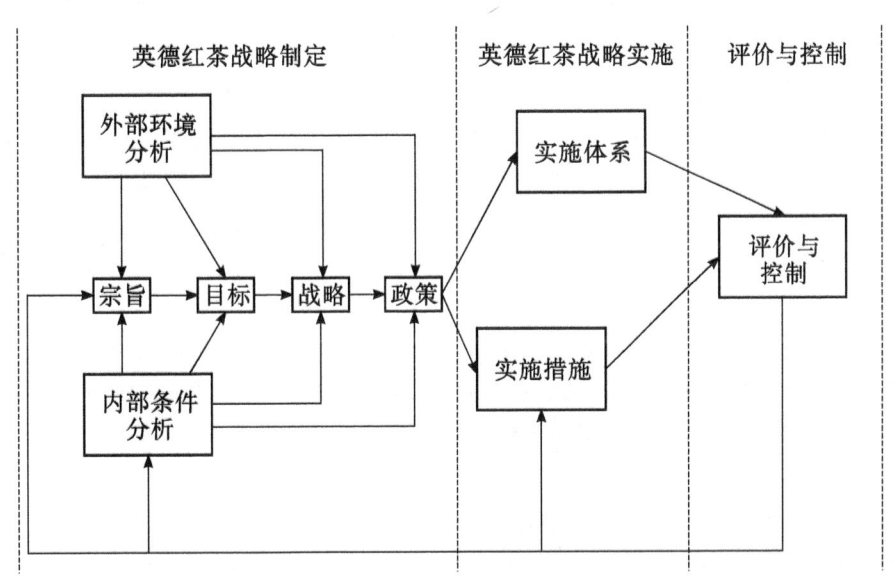

图7-4 英德红茶发展战略管理过程模型

7.2.3 英德红茶战略制定

英德红茶战略制定是通过对外部环境和内部条件因素的分析和组合来确定自己的愿景和宗旨、目标、战略和政策的过程。而宗旨、目标、战略和政策的选择以有效地发挥企业的优势，克服劣势，利用机会，避免威胁为基本原则。

1. 外部环境分析

英德红茶外部环境的诸因素中，直接影响企业的因素包括：股东、政府、供应者、竞争者、顾客、所在区域、各种利益集团、贸易组织等。另一些因素只能间接地影响企业长期活动和决策，这些因素是经济、社会文化、科学技术、政治法律等。

2. 内部条件分析

英德红茶内部条件分为三大类：一是英德红茶的资源，主要指财物；二是英德红茶内部管理；三是英德红茶的文化，重点是弘扬茶文化，英德红茶企业的管理者如何应用计划、组织、指挥、协调和控制等手段去管理企业，也包括在财务、营销、生产、研究、发展等方面的管理和表现。

3. 英德红茶宗旨

英德红茶宗旨指英德红茶存在的理由和区别同类企业的特征。英德红茶宗旨通常反映了这个企业的经营范围、目标市场、主要顾客、经营哲学、原则和社会责任等。可亲切表述为："英红茶香，迷人你我他；竭诚为每位茶客带来温馨与服务，重点服务于品茶中高端顾客。"

4. 英德红茶目标

英德红茶目标就是在一定时期内所要得到的结果。战略管理者要通过目标的建立将英德红茶宗旨具体化。目标是实现其宗旨过程中想要达到的长期结果。英德红茶战略目标可分三步走：2019—2023年期间，打基础，建设国内外红茶名牌；2024—2028年期间，将万亩生态茶园、万亩有机茶园、旅游DIY基地、红茶研发和衍生产品创意中心、红茶馆体验中心建成国家AAAA级以上旅游景区、全国农业生态示范区，让英德红茶重新走向世界；2029—2033期间，将英德红茶区建成粤港澳大湾区的后花园、国际休闲旅游度假区、国家级生态茶园和示范基地。

5. 英德红茶战略

英德红茶战略是实现宗旨和目标的重要手段或途径。可选择的战略包括：前向联合、后向联合、横向联合、市场集中、市场开拓、产品开发、相关性多样化、一二三产业综合体等。通过内外环境因素分析，以战略联盟为基础，充分发挥英德红茶优势、克服弱点、利用机会、避免威胁，从而最有效地达到企业的目标。

6. 英德红茶政策

英德红茶政策是指导战略实施目标活动的一般原则。其目的：一是为英德红茶战略实施过程中的各种决策提供指导；二是对那些重复性决策建立政策，节约时间，提高效率，保证各单位活动的连续性和协调性。

7.2.4 英德红茶战略实施

英德红茶战略实施的执行过程，首先需要一个实施计划体系提供保障。这个体系包括：

1. 中间计划

中间计划是介于长期战略和行动方案之间的计划。从时间上来说，它在1至3年之内。从内容上说，它包括了比行动方案更全面的内容。通过中间计划在企业战略具体化过程中，主要是将英德红茶发展战略所要达到的目的具体化。只有将总目标在时间和内容上加以分解，然后落实到各个分部、各个职能部门，战略实施才有保障。

2. 行动方案

行动方案是完成某一次性计划的活动和步骤的陈述。其目的是将英德红茶发展战略具体化。

3. 预算

预算是以货币语言表达的行动方案。为了合理分配企业资源，控制资金的使用，每一行动方案都要定出各项活动的费用。其目的是在战略实施过程中有计划和合理地分配资源。

4. 程序

程序又称为标准操作程序。规定完成某一特殊行动或任务的步骤方法以及每一步骤的专业技术要求。

7.2.5 评价和控制

评价和控制是对英德红茶战略实施进行评价以及采取必要的纠正行动过程。由于在实施某个战略的过程中，内外环境因素是不断变化的，评价与控制活动一般包括三种活动：

1. 分析英德红茶内外环境的变化

分析内外环境的变化，并根据由此得到的信息重新评价英德红茶战略是否仍然成立。

2. 测定英德红茶品质的变化

通过测定，及时准确将信息反馈到各个可能造成差异的环节上，从而达到实施的预期效果。

3. 采取必要的纠正措施

采取必要的纠正措施，包括调整组织结构、人员安排、领导方式、资源配置。

如果这些差异不是起因于战略的实施过程，那么就必须考虑到修改企业政策、战略、目标甚至宗旨。

7.3 互联网+英德红茶品牌项目产业链的推进

7.3.1 广泛应用互联网+红茶产品与服务项目

（1）充分发挥英德红茶品牌优势，大力推进网店微店建设，形成"大众创业、万众创新"的气候与环境。

（2）与高校合作，建设若干个生态茶园实验区、创新创业孵化区和大型创新创业示范基地，提升英德红茶的文化内涵与水平。

（3）建立健全一二三产业信息流畅、功能齐全、服务周到、特点突出的全域过程管理模式。

（4）建立精干高效的人才管理技术队伍，加快英德红茶的转型与升级，开创互联网新服务、新工艺、新技术、新发明、新创造，开辟新市场。

（5）努力开创生态种茶、加工茶、茶文化、旅游服务的创新创业新路子。

7.3.2 开拓互联网+英德红茶的视野

1. 下大力抓好互联网+的三种表现方式

一是英德红茶的文章加图片；二是英德红茶的音频；三是英德红茶的视频。以活生生的事实感动顾客，服务顾客，实现顾客的让渡价值。

2. 拓宽空间视野

在微店开始使用O2O离线商务模式，就是把传统的服务业企业的经营活动带动到线上，利用互联网平台展开营销推广，让线上成为商户的服务前台。O2O模式的益处在于，订单在线上产生，每笔交易可追踪，展开推广，效果透明度高。

3. 让消费者在线上线下选择满意的服务

经营服务有以下两点：

（1）能够方便快捷地为消费者介绍英德红茶和衍生产品。

（2）为本企业提供互联网营销平台，帮助本企业扩大品牌知名度，让本企业获得更大的发展空间。

4. 商品服务跟进

（1）网店线下线上追踪销售目标，看每个人的目标完成度怎样，有问题时及时沟通。

（2）重大进展沟通，好的和坏的都包括，要时刻保持沟通才能使信息传递通畅，经常性召开员工交流会议，与上下部的员工做好上传下达，对于重大的事项，网店微店店长务必亲力亲为。

（3）订单检查，要把易出错的事情列成清单，定期检查是否有错单、漏单以及无效单，做到每一张订单都有清楚的来龙去脉。

（4）及时接受顾客的反馈信息，对于顾客提出的合理化建议和要求要及时传达给网店微店店铺管理者和员工，让大家都有一个清晰的认识，顾客的体验高于一切，一切为顾客的满意而服务。

7.3.3 英德红茶的互联网筹备计划安排

1. 第一阶段：基础数据和市场调研分析

分析网站需要解决的问题，并对问题进行深入挖掘研究、解决。

2. 第二阶段：软件开发和硬件平台设计

本阶段包括后台系统的概要设计和详细设计，还有网站模块的设计和建设，设计通过后要连接后台系统进行功能测试工作。

3. 第三阶段：网店微店运行和维护

本阶段从进行试运阶段开始，通过实际的操作验证系统，以便发现问题，及时解决。

7.3.4 英德红茶互联网运营流程

英德红茶互联网运营流程如图 7-5 所示。

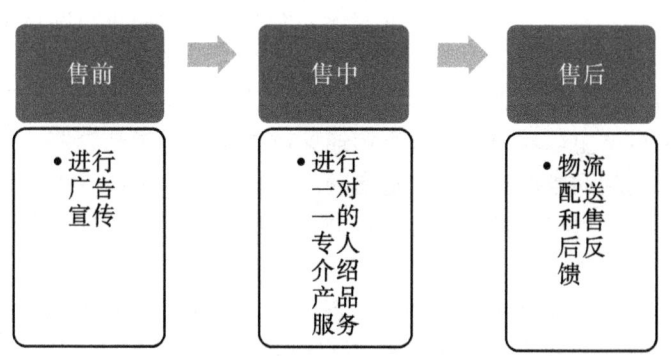

图 7-5 英德红茶互联网运营流程

1. 英德红茶互联网售前服务

通过本企业的网店微店来实现 O2O 模式，优化英德红茶销售的业务，用快捷的产品下单销售服务和一定量的折扣吸引消费者。

（1）本企业在微店上设计自己的主题页面，页面中标有英德红茶各个产品的价格，并具备介绍商品的功能。

（2）建立后台系统，当消费者在网站生成订单后，订单会同步发送给物流组的后台，网站即可马上给顾客发货。

（3）客服要真诚待客，根据顾客的需要给顾客推荐相应的产品，语气温和，待客真诚。

（4）做好推广与宣传，让顾客知道本企业的网店微店。

（5）在互联网电子商务生活平台领域树立标杆。

（6）建立品牌信誉度和良好的市场口碑。

2. 英德红茶互联网售中服务

（1）诚信经营，不卖假货，不坑蒙拐骗，不欺骗顾客，保证只卖正品。

（2）完善技术，做好"用户体验"。

（3）良好的客服环境与给顾客舒适的购买过程，促进顾客的消费。

3. 英德红茶互联网售后服务

（1）快捷服务。根据顾客的订单立即下单，做到一下单就配货，一配货就配送，实行快速物流。

（2）服务至上。做好售后反馈，收集顾客的用后体验，根据顾客的用后体验要求，推荐更适合顾客使用的产品，做到服务至上。

（3）及时反馈。根据顾客反馈意见，好好地完善自己的系统和页面。售后服务是顾客持续使用的关键服务，更应是在顾客购买了产品之后得到体现，其重要性不可小觑。

（4）及时沟通。交易后沟通是指客人在付款之后所进行的沟通，主要是通过旺旺、电话、站内信等方式进行沟通，也可以通过电子邮件、手机短信等方式进行沟通。主动进行售后沟通，是提升客户购物体验、提升客户满意度和忠诚度的法宝。砍掉主动售后沟通，就等于砍掉了老顾客，砍掉了店主可持续增长的利润来源。在客户范围较广的情况下，可以着重加强与老客户的联系。同时，可以组建店铺的顾客群，在群里可以定时推介产品、征询顾客意见等。

（5）告知买家。买家付完款，货没到手，心里难免有牵挂，什么时候能发货？什么时候能收到？对一些新买家而言，难免会担心，会不会被忽悠？特别是由于店铺经营产品的特殊性，如果进行预售，往往发货时间存在一定的不确定性。发货后店主可把发货日期、快递公司、快递单号、预计到达时间、签收注意事项等告知买家，让买家在放心的同时，也体现了店主的专业。

（6）随时跟踪物流信息。在预计该到货的时间，主动和买家进行沟通，体现店主的责任心和专业度，出现问题要及时解释、处理，消除买家疑虑，避免之后因问题给店铺打差评。买家付款后要尽快发货并通知买家，包裹寄出后要随时跟踪包裹去向，如有意外要尽快查明原因，并和买家解释说明。

（7）买家签收后主动回访。买家签收后，第一时间主动进行回访，主动收集客户意见，遇到客户不满意的情况要及时道歉、及时解释、及时处理，把危机化解在爆发前，进一步提升客户购物体验，提升客户满意度和忠诚度。

（8）建立顾客资料库。随着信誉的提升，顾客会越来越多，建立顾客资料库显得特别重要。店主们应该好好地总结顾客群体的特征，因为只有全面了解顾客情况，及时帮助顾客解决心中的忧虑，真心实意地为顾客解决问题，才能做好售后服务。

（9）建立定期联系顾客制度，发展潜在顾客。交易过程完成后，要定期给顾客发送有针对性、顾客感兴趣的微信消息，把忠实顾客设定为 VIP 客户，在店铺内制定出相应的优惠政策。定期回访顾客，用打电话、旺旺或者电子邮件的方式关心顾客，与顾客建立起长期良好的客户关系，同时也可以从买家那里得到很好的意见和建议。

4. 特殊售后情况处置

（1）处理退换货。每单产品寄出前最好要认真检查一遍，杜绝发出残次品，也不要发错货。如果因运输而造成产品损坏或其他确实是产品本身问题买家要求退换的，应痛快地答应买家要求，说不定这个买家以后会成为店铺的忠实客户。

（2）妥善处理顾客的投诉。有时即使店主做得再好，也难免会出现疏漏，出现客户不满意而导致顾客投诉甚至出现交易纠纷。顾客的投诉是五花八门、千奇百怪的，有时候其理由甚至很牵强，这就需要店主有一个宽广的胸怀，来面对这些投诉。如果交易中需要退换货，但买卖双方协商没有解决的，那么任意一方就可以向微店平台投诉对方，之后平台工作人员将介入并与双方协调解决。

5. 建立投诉反馈机制

（1）完善投诉渠道。网店微店要在醒目位置设置"今日我值班""服务投诉奖"宣传牌，悬挂"顾客投诉意见簿"。

（2）质量管理日查。质量管理部每日查看网络、媒体、晚报，县级门店由店长办负责信息查看，质量管理部负责公司客诉回复、处理，县级门店由县级店长负责处理回复。

（3）投诉记录。客户投诉处理完毕，网店微店详细填写客户投诉记录本。店长每月须对客户投诉情况进行电话回访，每月回访不少于 3 件。门店将正在处理中和已处理的客户投诉分类存档,由前台值班长负责跟进处理,公司质量管理部定期做好监督。

(4) 24 小时内处理结果。门店客户投诉需在 24 小时内整理归纳完毕,5 个工作日内在 12315 消费维权服务网站登记办理完毕,每月底在前台处做小结。

7.3.5 网上营销策略

1. 折扣营销

折扣营销策略简单地说就是给产品打折,这是常用的促销方式,折扣营销,迎合了消费者少花钱的心理,所以,这一方式在销售上也是比较有效的。

2. 赠品营销

在一款新产品推出之前,做一些赠品的小件分发给广大消费者,强化产品意识,而且能不断提升产品的知名度,产品的知名度提升了,就能够带动部分消费群体开始关注并使用产品。

3. 积分营销

积分营销策略能够稳定很多客户群体,通过积分的积累,制定一定的奖励措施。消费者通过多次购买或多次参加某项活动来增加积分以获得奖品,积分越多,所得到的奖品就越多,这样就达到多销售产品的目的。

4. 全域优化网络

通过关键字的优化,让更多的消费者了解产品,通过论坛、邮件、QQ 群发软件等一些媒介工具,不断地向消费者传输产品的信息。

5. 开展活动营销

利用重大节庆日,开展优惠销售,这样能调动更多的消费者前来参与,有效地达成产品的销售。

7.4 以英德红茶品牌文化战略推进茶产业跨区域纵深发展

随着人们消费观念的成熟,更希望从品茶中得到情感、精神的享受与寄托,此时,品牌文化便彰显出它的强大力量。我国作为茶文化发源最早的国家之一,有着丰富灿烂的茶文化内涵。英德茶文化必须与时俱进,不断创新,创新才有生命力,创新才能持续发展。

英德红茶之所以闻名中外,饮誉世界,因其具有浓、强、鲜的品质风格，尤其是秋茶的自然花香令人喜爱，特别在加糖、奶后，汤色姜黄瑰丽，滋味甘美香醇，饮后令人心旷神怡。1963年英国女皇在盛大宴会上，用英德红茶FOP招待贵宾受到高度赞赏。1996年香港《东方日报》称："英德红茶"作为高级红茶已被英国定为皇室用茶。据统计，近40年来，英德红茶获巴黎美食国际金奖、国际博览会金质奖、香港国际食品博览会银奖、国家金奖银奖以及国家各部委优质奖等36项之多。随着英德红茶产业链整体提升和发展，茶文化的各种模式、现象、景观、设施等将得到充分发展和完善，英德红茶文化将向社会各个领域拓展。

7.4.1 英德红茶品牌文化服务战略

英德红茶品牌文化要视为企业发展的核心因素之一，全面推行"大服务"战略，力促英德红茶文化服务的专业化、规范化。服务战略重点体现如下：

1. 诚信服务战略

服务是英德红茶产品概念，必须把诚信服务当作核心来经营。诚信服务是文化服务发展战略的重要组成部分，也是公司发展的重要一环，是财务、业务实施的保障。强调把诚信服务作为一项核心产品来经营，以特色化来影响和满足客户的要求。

2. 销售服务战略

企业在销售产品的过程中，消费者对购买时间和方式、供货时间和地点、产品包装和运输、货款结算等方面，均会有不同的需求。企业根据消费者购买的不同要求提供服务，尽量方便顾客购买，消除"购货难"的感觉，使商品高效、快速、及时、准确地输送到消费者手中，提高商品的销售率。

3. 文化包容战略

英德红茶可能会销售到世界各地，有不同的人种、不同的文化、不同的宗教信仰和不同的价值观。要牢固树立和而不同的文化包容理念，英德红茶要坚决走出去，走出国门，为共筑人类命运共同体作出自己应有的贡献。

4. 跟踪服务战略

服务产品售出之后，才是有效推销的开始，它强调企业售出服务产品之后通过跟踪服务，及时搜集客户信息，掌握市场需求动态，主动帮助客户解决疑难问题，纠正各种错误，发现新的市场机会，培育一批忠实的顾客。

此外，企业还要在服务语言上文明礼貌，行为举止要规范，让顾客感受到服务人员的高素质，加深对企业的良好印象，从而提高企业的知名度和美誉度。

7.4.2 英德红茶品牌文化发展策略

英德红茶生存的关键是市场和利润,没有市场就没有利润,没有利润,企业就生存不下去。在外部环境与内部环境的双重影响下,领导必须要有作为,能带领公司向前进、创造更多的利润,只有这样,企业才能生存下去,才能和其他企业进行竞争,才能在这个全球化时代脱颖而出。

1. 市场渗透战略

一个企业要想在竞争中得到生存,首先要进行市场渗透。英德红茶应在产品质量、价格、服务和企业声誉等方面下功夫,不仅要巩固原有市场的老用户,而且还要积极设法刺激各地潜在顾客,利用原有市场创造新的用户,同时还要努力争取将顾客从竞争者手中夺过来,以此来增强企业在市场竞争中的优势,促进企业发展。拓展企业现有产品市场,是促进企业成长发展的一个重要途径。

2. 明确发展目标

英德红茶企业必须制定长期发展的目标,这就需要对企业进行定位。企业发展不仅要有正确的方向,而且要有正确的定位。定位要准确,定错位,白费劲。定位主要是为了解决企业核心业务问题。企业也可以开展多项业务,但核心业务不能多。可以搞多元化经营,但不可以搞多核心经营。用核心业务带动其他业务,用其他业务促进核心业务,这是先进企业的成功之道。英德红茶要结合本公司的实际情况,必须很好地明确公司发展的近期、中期、远期目标,从而突出各阶段工作的重点。一步一个脚印,使公司能更好地适应市场的变化,避免发展中的大起大落,实现公司可持续健康发展。高起点绘就企业发展蓝图,长远的、具有前瞻性和可操作性的发展战略,能有效保障企业在市场上的稳步发展。

3. 制定战略措施

企业的发展,都离不开一个基本的战略措施,只有制定好战略措施,才能明确企业基本发展流程。也就是说,战略措施是实现定位的保证,是善用资源的体现。从哪里入手、向哪里突破、先干什么、再干什么、保哪些重点、丢哪些包袱、施什么政策、用什么策略、怎么策划、如何运作等,这些都是战略措施的重要内容。战略措施是省钱、省力、省时的措施,省钱、省力、省时不等于不花钱、不用力、不用时。战略措施要贴近实际、顺应趋势、新颖独特、灵活机动。战略措施要以定性为主。战略措施要有可操作性,但这种可操作性不同于战术的可操作性,能有效保障企业在市场上的稳定发展。

7.5 打造一流环境，培养一流人才，创新一流茶文化产业项目

英德红茶内部管理链条如图 7-6 所示。

英德红茶发展离不开高素质的专业人才，茶文化深度开发、快速发展更需要大量的专业人才。要抓好文化人才队伍的培养、引进和提高。文化以人为本，唯才是兴。一流的人才、一流的队伍、一流的体制，才能创造一流的文化。建设一流的茶产业项目，必须建设好文化队伍。一是加大激励力度。每年安排专项资金，设立文化大奖和项目基金，重奖优秀作品。二是加大培养力度。要做好茶文化精英培养规划，依托重点项目和重点课题聚集、培养人才；要大力培养、引进茶产业经营管理人才；要鼓励自学成才，建立赴外学习进修机制，支持在岗进修和离岗培训；要搞好与高校联合办学、文化论坛等活动，促进文化信息交流，提高人才业务水平。三是加大引进力度，要健全人才引进机制，完善人才引进政策，针对管理人才特点，可采取特殊政策和灵活措施，吸引管理人才参与英德红茶产业项目的开发与建设。

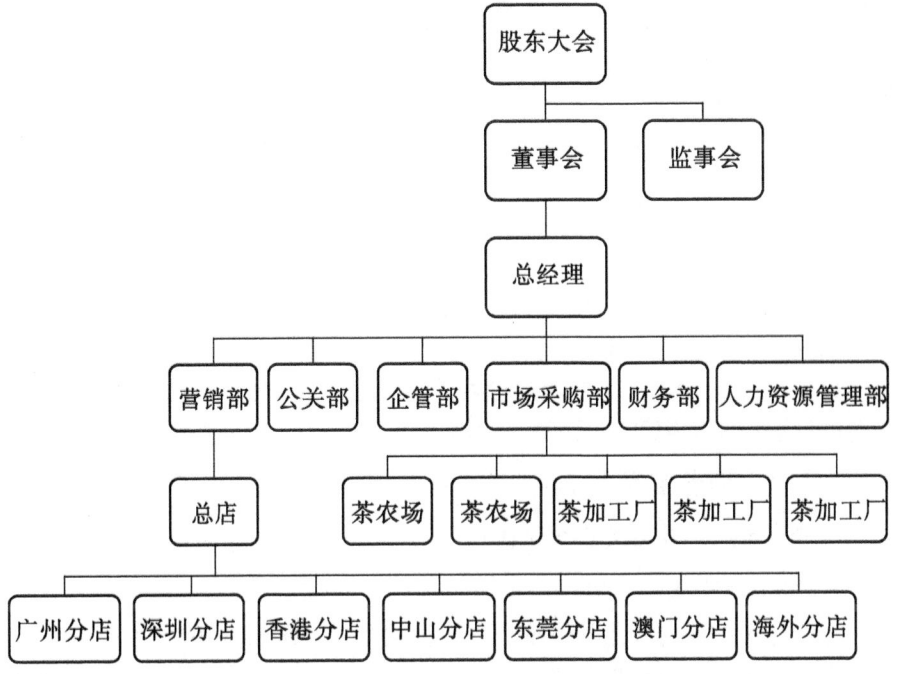

图 7-6　英德红茶内部管理链条图

7.5.1　专业技术和管理人才培养

专业技术和管理人才培养包括如下四个层次：

（1）专业技术人才培养。包括园艺师、工艺师、农艺师、茶艺师、工程师等人才的培养，主要涉及茶种植、培植、茶叶加工处理、红茶生产专业技术、生产质量管理、工艺管理、工艺标准、工艺技术标准化管理等。

（2）管理实操人才培养。主要包括生产运作管理人才，生态园管理人才，市场营销管理人才，人力资源管理人才，组织设计管理人才，信息技术管理人才等。

（3）高级领导人才培养。包括高级工程技术人才，高级农艺师、高级茶艺师、区域经理人才，职业经理人才，领导管理艺术人才，茶文化、信息管理高级人才等。

（4）战略拓展人才培养。包括国际贸易管理人才，跨国企业经营管理人才，企业形象文化策划与设计人才，项目投资与管理人才，房地产开发、茶文化综合能力人才等。

7.5.2　与高等院校合作，创建产学研一体化的创新创业孵化基地

（1）发展实践示范基地。从互联网的源头抓起，结合国家乡村振兴发展战略，从有机茶叶的种植入手，培养一大批的管理人才和物流人才。

（2）强化职业经理人的培养基地。强化创新创业人才的培养研究，提高职业经理人工作管理过程与专业技能。

（3）将道、佛、儒诸家哲学和文化融入管理文化。其核心是"缘"与"合"，构筑人类命运共同体。

（4）基础材料研究。包括设备、耗材的选择和选用，使之流动有序有备。

（5）跨国经营的人才培养。首先要懂得各国的语言，将互联网服务融入当地的风俗、民情和文化。

（6）以企业为主参与专业指导委员会的培训全过程，精心打造具有中国特色的互联网＋英德红茶系列产品服务。

7.5.2　培养高素质人才

培养高素质人才分为三个阶段：

1. 选苗造才阶段

在充分考虑环境和条件的情况下，根据当时当地情况的变化，适时地调整培养思路策略，并根据已掌握的时间、技术、设备、资金等要素，做好四个培养环节：

一是"磨"。苗子在高等院校挑选，对有立志要成长成为职业经理人的

学生提供下企业为期半年至一年时间的磨砺,基本轮过主要管理工作岗位;在此期间,学生可根据自己的兴趣,学习其中一门技艺,拿到管理岗位上岗证书,毕业后能够直接从事该岗位工作。

二是"炼"。主要是指学生毕业后在企业的打拼锤炼,其核心是如何创造性地留住顾客,让你的顾客满意。在此期间要学会并掌握基本操作技能,业务上尽快成为企业主管或骨干。

三是"管"。能够独当一面地管理人、财、物、产、供、销等方面,充分利用时间、空间、资金、技术、设备、人员,开创性地进行工作与管理,做到有条不紊地运作与管理。

四是"控"。能够培养自己的管理团队和领导人,拥有互联网+微店或网店的股份。制定严格的管理制度、奖罚制度、考勤制度、员工职业生涯设计、员工福利制度等,并能够制定海外网店微店各个工作岗位标准,可由他人来协调,能够超脱处理各种事情,并形成自己的文化特色。

2. 回炉与提升阶段

主要体现四个字:

一是"超"。主要是超越自我,要从原有的日常工作中解脱出来,考虑未来互联网+微店或网店的长远发展与规划,在有条件情况下开拓新的微店或网店,并做出特色。

二是"回"。主要是指回炉进修。着重考虑未来5～10年的发展方向和发展思路。时间通常是半个月或不等。主要研究解决微店或网店的发展战略问题。

三是"进"。是实施微店或网店的发展战略,逐步扩大管理范围,如网店经理、片区总经理、总经理和大区级的总经理,可着力考虑跨国经营管理的问题。

四是"拓"。重点是实施海外的发展战略。要适应国外的文化、背景、气候、条件和环境,形成具有中国特色的互联网+微店或网店的经营特色。

3. 环境条件研究阶段

这个阶段重点解决职业经理人创新创业的物质基础和保障及其配套建设问题。

第一,示范基地建设。职业经理人创新创业初始阶段,可采用战略联盟的办法,与专业农户、农场、农业企业合作,建立示范基地。

第二,投资。由校企长期合作企业共同投资,风险共担,设立大学生创业投资基金,并吸收有条件的企业、外商参股或赞助,通过当地政府提供的优惠政策,解决起步难的问题。也可选择与共青团中央在当地的创新创业基地和青年创业投资公司合作,以提供学生更大的舞台和发展空间。

第三，技能技巧训练。岗前以学校为主体，学生上岗后，以企业为体。立志要成长成为职业经理人的学生，必须具备一技之长，并取得相应岗位的技能证书。学校与企业制定相应的奖励和激励制度、措施。

第四，完善创新创业基地体系机制，形成具有中国特色的互联网+产业小微企业发展的新路子。

7.6 英德红茶产业项目发展要瞄准世界先进科学技术水平

从企业开发管理的意义上，注重长效发展和深度开掘，充分发挥资源综合优势，才能打造出具有吸引力的茶产业、茶文化产品。基于上述要求，促使茶产业、茶文化开发商势必要寻找一个新的开发模式来顺应市场和形势的发展，茶文化项目的开发与发展要瞄准世界先进科学技术与管理，把开发茶园转向休闲娱乐，增强"度假休闲型茶文化产品"的吸引力，开发越来越多的附加产品，如依托茶产地开展的观光、度假、体育、节事、会议以及文化产业、教育产业、特色商业、生态农业、生态林业等各种项目，建设各种游乐场所和人居环境设施等，最后形成一个大型的能满足各层次需求的现代茶文化新生活综合区。

7.6.1 应用智能化技术管理生态茶园害虫防治

1. 有针对性的主要害虫的防治技术

利用最新网络技术 ASP.NET 2.0，在专家的指导下，建立可视化程度高、易操作、具备人工智能的茶园害虫智能化 WEB 管理系统，为有效防治害虫提供参考。

2. 提供茶场管理者和生产者可视化高、直观性强的防治虫害技能

针对当前茶园害虫治理中存在的问题，从发现害虫、鉴定害虫、了解害虫习性、分析害虫动态和防治害虫的各个环节，全面地向高级测报员提供决策支持。

3. 茶园害虫的识别

根据用户不同的使用特点，系统提供 3 种茶园害虫识别的方式，分别为形态特征识别、图谱识别和检索表识别。

4. 茶园害虫的预测预报

以假眼小绿叶蝉为例，系统实现了对该叶蝉种群动态的预测。预测模型是自回归模型，是基于调查数据构建的。用户按要求提供预测点之前的 3 次调查数据，即可对将来的害虫发生量做出预测。

5. 茶园害虫的防治决策

用户可以利用系统提供的茶园害虫防治决策服务，对某一具体害虫的防治做出优化的防治方案。用户可从"害虫识别"和"害虫预警"两个功能模块，启用茶园害虫的防治决策功能，"害虫综合防治"模块根据某种害虫的防治指标和适用农药的安全间隔期给出优化的防治方案。

6. 茶园害虫智能化 WEB 管理系统的构建

为用户管理茶园害虫提供方便有效的帮助，促进现有先进实用的害虫防治技术实用化和普及化，加快茶园智能化管理的步伐。

7.6.2 生态茶园智能化节水灌溉

随着现代化农业技术水平的不断提升，结合人工智能、现代信息技术等的应用，农业节水灌溉技术逐渐往智能化节水灌溉方式发展。为实现茶树生长期需水预测和茶园精确灌溉自动控制，设计基于无线传感器网络的茶园喷灌智能化控制系统。根据建立的监测系统和执行装置两部分，对茶树不同生长期水分需要的土壤湿度、温度、盐分和气象等因素进行实时监测，并将监测数据通过无线网络发送至执行装置，实现茶园精量灌溉控制。

7.6.3 智能化物联管理

互联网技术在当今社会已经运用得十分广泛，基于互联网的物联网技术的发展，以致一个开关一个按钮，可以通过物联网技术实现远程操作控制。物联网技术也大量运用到大型茶园管理中，实现智能、实时的集成化管理，只要达到集约、高效、精准管理的目的，简易化的物联网技术应用不失为中小茶园科学技术管理创新的新思路。

7.6.4 茶叶加工智能化

1. 自动化生产确保人工零接触

自动化智能生产线采用具有自动控制，能自动调节、检测、加工的生产设备，按规定的程序或指令自动进行生产管理。从鲜叶进入机箱到干茶出仓，然后直接进入毛茶精制程序，通过一系列捡梗、色选、分级等工序，出仓时已是色泽一致、大小一致的精制成品。而传统制茶工艺显然无法做到这一点。

2. 标准化微电脑处理

要研究和开发连续化、自动化、智能化的茶叶加工设备，采用高新技术不断改造传统茶叶加工，才是现代制茶业的时代要求。生产过程智能化，不仅全程电脑控温控时，改变了以往生产线履带式杀青程序鲜叶受热面不均匀、杀青效果不统一的现状，而且有效提升和稳定自动化生产线茶叶产品的质量。通过一次电脑程序的设定，可以控制整条生产线的茶叶加工达到最佳效果。微电脑设备是目前世界茶加工最高水平的必备。

3. 工业化模式接力传统茶产业

茶产业要发展，就是以标准化为核心的工业化成长模式。要是没有这个，农产品永远也做不了，做不大。一旦解决了标准化的问题，解决了工业化的模式问题，这个产业做大做强就有了希望。纵观 21 世纪茶产业发展，自动化程度已成为衡量现代茶叶企业科学技术和发展水平的重要标志之一。将传统作为农产品加工的茶叶按照工业化模式来做，进一步深入了对新产品的研发，将茶叶加工领域不断拓宽，逐渐向精深加工发展。

7.6.5 加快重点旅游项目的开发建设

在综合分析国内外茶文化项目所形成的新的创意、新的市场、新的吸引力，以及充分预测未来的社会发展趋势和经济形态与旅游市场变化的前提下，构建具有核心产业内涵和文化创意优势的旅游品牌，满足旅游者求新、求知、求真、求奇、求美、求趣等个性化需求。

7.7 英德茶产业、茶文化项目开发

必须把握好坚持以人为本和以经济建设为中心的统一。发展茶产业、茶文化应开阔思路，除了提供给人们吃喝之外，还可作为美容保健，以及各种特色饮茶。

7.7.1 茶叶保健美容开发

茶叶含有丰富的微量元素，是天然的健美饮料，经常饮用一些茶水，有助于保持皮肤光洁白嫩，推迟面部皱纹的出现和减少皱纹。

1. 消除黑眼圈

消除黑眼圈最简单的方法是先把 2 袋茶包（茶叶包在纱布中）在冷水中浸透，闭上眼睛，在左右眼皮上各放 1 个茶包，搁 15min。或用清洁的棉织手帕包冰块，搁在黑眼圈上停留几分钟，经常坚持效果更佳。

睡前应彻底清洁眼部化妆品，如果清洁方法不当，最容易使眼睛红肿。最好用温水浸泡过的茶袋压在眼皮上 10min，但不可太靠近眼睑。

2. 茶糖美容法

茶叶中所含的营养成分甚多，经常饮茶的人，皮肤显得滋润好看。将红茶叶和红糖各两汤匙加水煲煎，加面粉调匀敷面，15min 后再用湿毛巾擦净脸部。每日涂敷一次，一个月后即可使容颜滋润白皙。

3. 茶叶美容配方

（1）美肤茶配方：茶叶末适量，软骨素1g。用法：先用沸水冲泡浓绿茶杯，然后将软骨素与茶水调和，经常饮用。功效：美艳肌肤，使皮肤富有弹性。

（2）消脂茶配方：茶叶、生姜、诃子皮各等份。用法：先将茶叶、诃子皮加水1碗，令其沸热后，再加生姜煎服。功效：治积食，减肥。

（3）护眉茶配方：隔夜茶适量，蜂蜜少许。用法：隔夜茶中加入少许蜂蜜调匀，洗濯眉面。功效：润眉。长期使用可使眉毛浓密，富有光泽。

（4）乌发茶配方：黑芝麻500g，核桃仁200g，白糖200g，茶适量。用法：黑芝麻、核桃仁拍碎，糖10g，用茶冲服。功效：乌发美容。常用可保持头发光滑、滋润、不会变白。

（5）驻颜残茶配方：残茶水适量。用法：用喝剩的残茶水洗脸，养成习惯。功效：润泽肌肤，坚持一段时间即可显出功效。

（6）灵芝茶配方：灵芝草10g，绿茶少许。用法：灵芝草切薄片，用沸水冲泡，加绿茶饮用。功效：补中益气，增强筋骨，保持青春。

（7）何首乌茶配方：茶叶、何首乌、泽泻、丹参。用法：加水共煎，去渣饮用。每日1剂，随意分次饮完。功效：美容、降脂、减肥。

（8）矿泉水茶配方：茶叶适量，矿泉水50mL。用法：矿泉水加糖，冲泡茶叶。功效：常饮能增强体力，使皮肤变得柔软细腻。

（9）雀舌茶配方：雀舌茶、枸杞各等份。用法：文火煎服。功效：消食、化气、壮阳、减肥。

（10）慈禧珍珠茶配方：珍珠粉、茶叶。用法：沸水冲泡茶叶，以茶汁送服珍珠粉。功效：润肤、葆青春、美容颜。适用于开始衰老的皮肤。

7.7.2 特色茶食

春季茶食：

（1）碧螺银鱼；

（2）毛峰银耳羹；

（3）凉拌鲜茶；

（4）抹茶嫩菱。

夏季茶食：

（1）敬亭绿雪；

（2）茉莉菊花鸡；

（3）冻顶焖豆腐；

（4）翡翠白玉冻。

秋季茶食：

(1) 茶熏松子卷；
(2) 什锦茶包；
(3) 铁观音炖鸭；
(4) 绿茶沙拉。

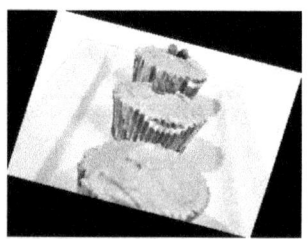

冬季茶食：
(1) 茶熏鲳鱼；
(2) 茶香牛肉；
(3) 香片蘑菇烩银杏。

特制茶食：
(1) 碧螺里脊；
(2) 碧螺鱼米；
(3) 茶香肉末豆腐；
(4) 龙井肉片汤；
(5) 清蒸茶鲫鱼；
(6) 红茶烧鸡；
(7) 水果茶冻；
(8) 鸡丝碧螺春；
(9) 红茶黄豆汤；
(10) 绿茶大蒜汤；
(11) 绿茶番茄汤；
(12) 绿茶西瓜汤；
(13) 绿茶丝瓜汤；

（14）五香茶叶蛋。

7.8 创新英德红茶文化内涵，扩大"国饮"内需

茶与咖啡、可可被列为世界不含酒精的三大饮料，但咖啡、可可只是饮料，充其量用作待客而已。茶却不同，它不仅是一种饮料（或保健饮料），还远远超越自我固有的物质属性，迈入一个精神领域，成为一种修养，一种人格力量，一种境界。饮茶是人生的一种乐趣，一种实在的艺术享受。只要人们领略饮茶真谛，就不难理解茶是"国饮"的道理。要在百姓人家中普及这种"国饮"。英德红茶要做大做强、走向世界，关键是要进一步挖掘茶文化内涵，大体上可从以下几方面突破。

7.8.1 凸显茶文化的创世神话

唐代陆羽在《茶经》中记载："三皇，炎帝神农氏。周，鲁周公旦，齐相晏婴。汉，仙人丹丘之子，黄山君，司马文园令相如。扬执戟雄"。"《神农食经》：'茶茗久服，令人有力，悦志'。"《晏子春秋》："婴相齐景公时，食脱粟之饭，炙三弋，五卵，茗菜而已。"由此可见，远古从炎帝神农氏开始就喝茶，周朝鲁周公旦，春秋时齐国宰相晏婴、汉时仙人丹丘子、黄山君、文园令司马相如、执戟扬雄等都与茶事有关。《神农食经》：长期喝茶，可以使人健康有力，精神饱满。《晏子春秋》：晏婴给齐景公当宰相时，吃的不过是米饭，烤三禽五卵，粗茶淡饭而已。

7.8.2 挖掘与茶文化有关的名人名事

有三国吴国国王孙皓密赐其臣以茶代酒之事；南朝齐武帝遗诏以茶相祭之事；唐代官府监制"紫笋"茶入贡之事；宋仁宗赐七宝茶于下臣之事；唐以后各朝以茶治边之事；清康熙帝为"吓煞人"茶改名"碧螺春"之事；清乾隆帝用茶叶之露煮茶之事；世人视陆羽为茶神之事；唐李白因送仙人掌茶而赠诗之事；宋帝密赐苏东坡茶叶之事；司马光、苏轼论茶墨之争；宋李清照夫妇指卷赌赛之事；毛泽东吃茶之事；孙中山治国思茶道；毛泽东吃茶、吟诗、论国是；周恩来情满龙井茶；江泽民陪同英国女皇上茶楼；习近平陪特朗普进故宫茶座等。

7.8.3 以诗词歌赋提升茶文化格调

古语云：夫美不自美，因人而彰。我们应该有意识地汇集历代名人赞美茶乃至茶山茶园茶水的诗词歌赋、名篇美文，以提高茶的文化品味以及茶的高雅格调。

7.8.4 突出自身特色、做好养生文化

经考查，从汉代到清代，有名的医学著作都有药茶疗法内容。历代关于茶养生保健的记载有：少睡、益思、利水、明目、消暑、祛痰、下气、消食、轻身、醒酒、通便、止泻、坚齿、补血、消炎、疗疮、益气力、除瘴气、治心痛、治头痛、治腰痛、治气喘、治咳嗽、治中风、治赤白痢、止渴生津、清热解毒、祛风解表、去腻解肥、安神除烦、延年益寿等30多种功效。其主要表现为：一是抗癌突变作用；二是抗高血压和防治动脉粥样硬化作用；三是预防衰老和增强免疫机能作用；四是降低血糖和防治糖尿病作用；五是抗辐射损伤作用；六是健齿防龋和消除口臭作用；七是杀菌抗病毒作用；八是防治肝病作用；九是兴奋和利尿作用；十是助消化、解毒、止渴、消暑、明目作用等。

7.9 发展生态茶文化技艺，融入千万百姓家

7.9.1 茶园设计

要充分考虑茶园土地综合利用设计；茶园区块划分设计；茶园道路设计；茶园排灌系统设计；茶园防护林与遮阴树设计；茶园的茶行布置设计；茶树品种划分；茶树品种种苗标准；茶树育苗技术；茶树种植；种植密度、种植前施基肥；茶苗移栽；茶树修剪等，形成茶园的生态景观文化，达到"天人合一"境地。

7.9.2 采茶技艺

（1）手采。手采是中国传统的采茶方法，广泛采用的方法有：掐采，又称折采，用左手扶住枝条，右手的食指和拇指指尖夹住新梢上应采的部位，手心朝下，轻轻地用力将新生芽尖或一芽一两片嫩叶摘下。手采分提手采和双手采。①提手采，这是标准的中国采摘手法，掌心向上或向下，食指中部和拇指指尖夹住新梢上应采的部位，食指用力向上，或拇指用力向左右将芽叶摘入掌心，摘满一手掌后再放入茶蓝中。②双手采，茶树必须是具有理想的树冠，采摘面平整，发芽整齐。双手采也是运用提手采的手法，两手互相配合交替进行。

（2）割采，边茶的采收因原料粗大，多用工具进行采割，工具要求刀刃锋利，采割要迅速，避免将枝条割裂而影响下轮新梢萌发。

（3）机采，正在推广应用机、手结合采茶，即平时手采，高峰期采用机采。采摘过程要求：一是采摘要使芽叶完整，在手中不可紧捏；二是采下鲜叶要放置阴凉处；三是运青的容器应干净、透气、无异味；四是运送鲜叶过

程中,容器堆放时不可重压。

7.9.3 制茶技艺

(1) 茶叶初制。主要工序有:杀青、萎调、揉捻、发酵、渥闷、做青、干燥等。红茶的工艺是:鲜叶—萎调—揉捻(或加揉切)—发酵—初烘—烘干成红茶。

(2) 茶叶精制。毛茶加工成为成品茶的过程,加工过程有:筛分、风选、切轧、拣剔、复火和匀堆装箱等。精制流程的设计多数采取"分路取料"的办法。茶叶制作可划分为若干条线路(俗称筛路)分别进行处理,便于分清品质优次。一般分为本身路、长风路、圆身路、轻身路和艋梗路。本身路是毛茶第一次通过筛网(或筛切次数极少)的毛茶部分,这条路茶叶条索紧结,嫩度较高,是提取高级花色或提升一级产品筛号茶的关键。

7.9.4 评茶技艺

通过人的视觉、嗅觉、味觉、触觉对茶叶形状、色泽、香气、滋味进行审评,从而确定茶叶品质优次和级别的高低。评茶给分计价,用分数记录茶叶品质以决定其等级和价格的方法;茶叶取样,包括同批产品、原始样、平均样、检验样、取样数量、取样用具、取样方法等。

7.9.5 泡茶技艺

泡茶三讲究:一是实用;二要科学;三讲艺术。泡茶三大要素:①茶叶用量,一克红茶叶,冲开水 50~60mL 为宜;②开水温度,以刚达到 100℃ 为宜,高级绿茶掌握在 80℃ 为好;③泡水时间和次数,通常第 1 泡从 10s 到第 6 泡 2min 左右,冲泡次数以 6~7 次为宜。泡茶五诀:①温壶烫杯;②高冲低斟;③刮沫淋盖;④关公巡城;⑤韩信点兵。泡茶程序:备具—备茶—备水—赏茶—置茶—冲泡—分茶—奉茶—品尝—添水。

7.9.6 饮茶方法

一是"品"。凡以鉴别茶的品质优劣、领略欣赏茶的艺术意境为目的的饮用方式称为"品"或"啜"。

二是"饮"。其特点是自娱自赏,以茶具冲泡茶叶,是生活中一种艺术享受。

三是"喝"。以解渴为目的的大口急饮方式。

四是"吃"。茶叶食用的一种方式,茶经过煮、泡、烹,不仅可以品、饮、喝,而且可以吃。

五是"国饮"。自古以来中国风味的茶馆、茶室遍布各地。崇尚清饮雅赏,悠然地细啜慢饮,领略茶的香郁醇味,闲逸超脱,自娱自赏。它既不同于欧洲人以解渴为目的的匆匆一饮而尽,也有别于过分拘泥、严谨的日本茶道。幽雅闲情，享受生活艺术品味，这是中国改革开放后"国饮"进入千家万户的一大特色。

7.9.7 习茶礼仪

这包括谈话的礼仪、举止的礼仪、服饰礼仪、冲泡礼仪、饮茶礼仪、行茶礼仪等。家居品茶环境要求安静、清新、舒适、干净，只要布置得当，同样能够创造出一个良好的品茗环境。

7.10 本章小结

本章能够站在战略高度，解决英德红茶长远和实际的发展问题。重构以英德红茶茶文化为核心的产业链，夯实物质层，完善制度层，凸显文化层，形成英德红茶重德、尚和、崇俭、贵真的价值观与人生观。将红茶发展项目纳入国家层面的发展轨道，形成资源互补、产业关联、梯度推进的多层次服务产业圈，提升企业文明程度，创新管理体系，推进茶产业跨地区纵深发展；打造一流环境，培养一流创新型人才；满足消费者求新求知求真求奇求美求趣的需求；创新茶文化内涵，扩大"国饮"内需需求；发展生态茶艺技术，品味茶道人生。

8 结论

英德红茶物质层是红茶产业链的基础，经营管理制度层是茶产业链的根本保证，茶文化和价值观是茶产业链的核心实质。通过红茶文化融汇自然科学和社会科学的丰富知识，了解自然、改造自然、回归自然，融汇儒、佛、道诸家哲理，使红茶文化成为人们生理需要、生活方式、生活情趣与精神追求的一部分，实现自我的人生价值观。

坚持以"生态、优质、规范、品牌"为主攻方向，是英德红茶做大做强茶产业链，发展生态红茶业服务战略，围绕科技创新主题，抓项目、创品牌、重质量、调结构，才能形成速度快、质量好、结构逐步优化的良好发展态势。坚持进行"绿化、净化、美化、硬化、亮化"，打造中国第一红茶乡品牌的生态环境建设，打造和谐茶乡。在茶产业链经营管理制度上，坚持"科学发展"的战略不动摇；在发展策略上，从原来的追求速度到现在重视全面发展，重视提高品质，重视保护品牌，确保茶产业的持续健康发展；在扩大知名度上，通过大规模的对外宣传造势，扩大影响，拓展市场，做到了从外树形象到内外兼修。现在应更加注重文化的注入，丰富茶文化内涵，推动茶文化和茶经济的互动共荣，以经营哲学统领经济增长方式，从规模拉动到文化驱动。

通过实施英德红茶发展战略、良种茶树推广、精品名牌培育、市场营销体系建设、茶企成长关怀、产业人才培养等工程，建设标准化茶园，打造茶叶产业专业镇或茶叶产业带，培育国家级龙头茶企业和旅游企业，将英德红茶打造成中国红茶名牌和世界红茶名牌，使英德成为名副其实的历史文化名城、绿色生态宜居城市和"中国红茶之乡"。

参考文献

[1] 陆羽 [唐], 陆延灿 [清]. 茶经·续茶经 [M]. 北京：中国工人出版社, 2003.
[2] 黄建璋. 广东茶文化经典 [M]. 广州：广东经济出版社, 2004.
[3] 郁茗. 龙井茶 [M]. 长沙：湖南科学技术出版社, 2003.
[4] 王同和. 茶叶鉴赏 [M]. 合肥：中国科学技术大学出版社, 2008.
[5] 滇濮茶人. 普洱茶 [M]. 北京：中国水利水电出版社, 2006.
[6] Jane Pettigrew. 茶鉴赏手册 [M]. 上海：上海科学技术出版社, 2002.
[7] 余悦. 中国茶韵 [M]. 北京：中央民族大学出版社, 2002.
[8] 吕玫, 詹皓. 新编茶叶地图 [M]. 上海：上海远东出版社, 2006.
[9] 居伊·珀蒂德芒热 [法]. 20世纪的哲学与哲学家 [M]. 刘成富, 译. 南京：江苏教育出版社, 2007.
[10] 张斌峰. e时代 新人类 新艺术 [M]. 武汉：湖北人民出版社, 2007.
[11] 梁漱溟. 东西文化及其哲学 [M]. 上海：上海人民出版社, 2006.
[12] 林语堂. 老子的智慧 [M]. 黄嘉德译. 西安：陕西师范大学出版社, 2004.
[13] 李默. 中国精华游 [M]. 广州：广东旅游出版社, 2005.
[14] 南国嘉木. 茶艺 [M]. 北京：中国市场出版社, 2006.
[15] 赵英立. 中国茶艺全程学习指南 [M]. 北京：化学工业出版社, 2008.
[16] 杨昆宁. 中国茶文化艺术论 [M]. 昆明：云南教育出版社, 2006.
[17] 南国嘉木. 茶经新说 [M]. 北京：中国市场出版社, 2006.
[18] 罗尚贤. 老子通解 [M]. 广州：广东高等教育出版社, 1996.
[19] 亚里士多德 [古希腊]. 形而上学 [M]. 苗力田译. 北京：中国人民大学出版社, 2003.
[20] 黑格尔 [德]. 历史哲学 [M]. 王造时译. 上海：上海书店出版社, 2006.
[21] 康德 [德]. 实践理性批判 [M]. 邓晓芒译. 北京：人民出版社, 2013.

[22] 高野健次. 亲手泡杯好红茶 [M]. 詹龙骧译. 北京：中国建材工业出版社，2005.

[23] 王广智. 鉴茶、泡茶、品茶 [M]. 北京：龙门书局出版，科学出版社发行，2012.

[24] 于川. 谈茶说艺：中国的茶与茶文化 [M]. 天津：百花文艺出版社，2004.

[25] 裘纪平. 茶经图说 [M]. 杭州：浙江摄影出版社，2003.

[26] 杨春水. 茶典 [M]. 呼和浩特：内蒙古人民出版社，2004.

[27] 天中衲子. 茶与禅 [M]. 北京：民族出版社，2002.

[28] 林治. 中国茶艺 [M]. 北京：中华工商联合出版社，2000.

[29] 吴鸿南. 中国茶食 [M]. 北京：中国商业出版社，2002.

[30] 林治. 中国茶情 [M]. 北京：中华工商联合出版社，2001.

[31] 李时珍 [明]. 白话本草纲目 [M]. 西安：三秦出版社，2007.

[32] 千鹤大师 [日]. 茶与悟 [M]. 张桂华编译. 北京：中国长安出版社，2004.

[33] 陈钰. 中华茶之经 [M]. 北京：地震出版社，2010.

[34] 少林木子. 悠香古韵：茶典故 [M]. 呼伦贝尔：内蒙古文化出版社，2010.

[35] 孙连才. 战略实践：企业战略系统制定 [M]. 大连：东北财经大学出版社，2012.

[36] 切特·霍姆斯 [美]. 无敌销售团队：让业绩飙升的12个核心竞争力 [M]. 庞晓鸿译. 北京：机械工业出版社，2009.

[37] 菲利普·科特勒 [美]. 营销管理：分析、计划和控制 [M]. 梅汝和，等译. 上海：上海人民出版社，1990.

[38] 周建. 战略联盟与企业竞争力 [M]. 上海：复旦大学出版社，2002.

[39] 彼得·芬加 [美]. 营销管理：分析、计划和控制 [M]. 上海：上海人民出版社，1990.

[40] 小约翰·L. 科利，杰奎琳·L. 多莉，罗伯特·D. 哈迪. 公司战略 [M]. 北京：中国财政经济出版社，2003.

[41] 罗伯特·格兰特 [美]. 公司战略管理 [M]. 胡挺，张海峰译. 北京：光明日报出版社，2004.

[42] 雷源. 构建战略终端 [M]. 北京：人民邮电出版社，2008.

[43] 任荣. 基于战略联盟生命周期的企业合作创新动态管理 [M]. 北京：经济科学出版社，2009.

[44] 戴维·P·道尔. 战略成本控制 [M]. 北京：中国人民大学出版社，2013.

[45] 贾维尔·卡里略·赫莫斯拉,巴勃罗·戴尔里奥,冈萨雷斯·托蒂·康诺拉. 生态创新——社会可持续发展和企业竞争力提高的双赢 [M]. 闻朝君译. 上海:上海科学技术出版社,2014.

[46] 孙武 [春秋]. 孙子兵法 [M]. 吴银平编译. 北京:中国华侨出版社,2014.

[47] 蔡东藩 [清]. 后汉演义 [M]. 北京:文化艺术出版社,2014.

[48] 庄子 [春秋]. 老子 [M]. 北京:中国纺织出版社,2012.

致谢辞

  本著作的撰写，不论从选题、调研还是著作基本框架的制定均在江金波、黄恒学等两位教授悉心的指导和耐心的帮助下完成的，同时，他们严谨的治学精神和教学理念也深深地感染和影响着我，给予我写该书无穷的能量，在此表示衷心的感谢！在改稿过程中，华南理工大学出版社吴兆强老师做了大量工作，在此也表示深深的谢意！

  在本著作的撰写过程中，得到北京师范大学的专家、教授的热情帮助和教诲，在此深表感谢！在本项目完成过程中，还得到广东社会科学院培训中心提供的场地、专家、教授的指点和工作人员的热情帮助以及在调查研究过程得到无微不至的关怀，表示万分感谢！

  最后是感谢我的家人，由于他们背后默默的支持和鼓励，才顺利完成此书。